BERATEN IN DER ARBEITSWELT

Herausgegeben von
Stefan Busse, Rolf Haubl und Heidi Möller

Theresia Volk

Spielen, um zu gewinnen

Macht und Wirksamkeit in Organisationen

Mit 9 Abbildungen und 2 Tabellen

Vandenhoeck & Ruprecht

Bibliografische Information der Deutschen Nationalbibliothek:
Die Deutsche Nationalbibliothek verzeichnet diese Publikation in der
Deutschen Nationalbibliografie; detaillierte bibliografische Daten sind
im Internet über http://dnb.de abrufbar.

© 2019, Vandenhoeck & Ruprecht GmbH & Co. KG,
Theaterstraße 13, D-37073 Göttingen
Alle Rechte vorbehalten. Das Werk und seine Teile sind urheberrechtlich
geschützt. Jede Verwertung in anderen als den gesetzlich zugelassenen Fällen
bedarf der vorherigen schriftlichen Einwilligung des Verlages.

Umschlagabbildung: Vectomart/shutterstock.com
Satz: SchwabScantechnik, Göttingen
Druck und Bindung: BALTO print, Vilnius
Printed in the EU

Vandenhoeck & Ruprecht Verlage | www.vandenhoeck-ruprecht-verlage.com
E-Mail: info@v-r.de

ISSN 2625-6061
ISBN 978-3-525-40488-1

Inhalt

Zu dieser Buchreihe 7
Macht(Vor)worte 9

1 Beziehung statt Sache: Ein Paradigmenwechsel 10

2 Phänomen Macht: Theorie(n), Alltagspraxis, aktuelle Entwicklungen 20
   2.1 Wichtige Machttheorien und -definitionen 22
   2.2 Macht in Organisationen 31
   2.3 Mikropolitik: Die Alltagspraxis der Macht in Unternehmen 37
   2.4 Zeitgenössische Arbeitswelten und die Machtfrage 46

3 Macht und Beratung – ein Plädoyer 57

4 So ungefähr geht das praktisch – machtbewusste Beratung
   in vier Schritten 68
   4.1 Schritt 1: Ich will – das eigene Interesse präzise bestimmen 71
   4.2 Schritt 2: Die anderen brauchen – sie anerkennen und
       ihnen nützen 78
   4.3 Schritt 3: Die Spielregeln beherrschen – Unternehmenskulturen
       entziffern und nutzen 86
   4.4 Schritt 4: Die Strategien kennen – und seine eigenen
       weiterentwickeln 92

5 Macht! 99

Literatur 101

Zu dieser Buchreihe

Die Reihe »Beraten in der Arbeitswelt« wendet sich an erfahrene Beratende und Personalverantwortliche, die Beratung beauftragen, die Lust haben, scheinbar vertraute Positionen neu zu entdecken, neue Positionen kennenzulernen, und die auch angeregt werden wollen, eigene zu beziehen. Wir denken aber auch an Kolleginnen und Kollegen in der Aus- und Weiterbildung, die neben dem Bedürfnis, sich Beratungsexpertise anzueignen, verfolgen wollen, was in der Community praktisch, theoretisch und diskursiv en vogue ist. Als weitere Zielgruppe haben wir mit dieser Reihe Beratungsforschende, die den Dialog mit einer theoretisch aufgeklärten Praxis und einer praxisaffinen Theorie verfolgen und mitgestalten wollen, im Blick.

Theoretische wie konzeptuelle Basics als auch aktuelle Trends werden pointiert, kompakt, aber auch kritisch und kontrovers dargestellt und besprochen. Komprimierende Darstellungen »verstreuten« Wissens als auch theoretische wie konzeptuelle Weiterentwicklungen von Beratungsansätzen sollen hier Platz haben. Die Bände wollen auf je rund 90 Seiten den Leserinnen und Lesern die Option eröffnen, sich mit den Themen intensiver vertraut zu machen, als dies bei der Lektüre kleinerer Formate wie Zeitschriftenaufsätzen oder Hand- oder Lehrbuchartikeln möglich ist.

Die Autorinnen und Autoren der Reihe werden Themen bearbeiten, die sie aktuell selbst beschäftigen und umtreiben, die aber auch in der Beratungscommunity Virulenz haben und Aufmerksamkeit finden. So werden die Texte nicht einfach abgehangenes Beratungswissen nochmals offerieren und aufbereiten, sondern sich an den vordersten Linien aktueller und brisanter Themen und Fragestellungen von Beratung in der Arbeitswelt bewegen. Der gemeinsame Fokus liegt dabei auf einer handwerklich fundierten, theoretisch verankerten und gesellschaftlich verantwortlichen Beratung. Die Reihe versteht sich dabei als methoden- und schulenübergreifend, in der nicht einzelne Positionen prämiert werden, sondern zu einem transdisziplinären und interprofessionellen Dialog in der Beratungsszene angeregt wird.

Wir laden Sie als Leserinnen und Leser dazu ein, sich von der Themenauswahl und der kompakten Qualität der Texte für Ihren Arbeitsalltag in den Feldern Supervision, Coaching und Organisationsberatung inspirieren zu lassen.

Stefan Busse, Rolf Haubl und Heidi Möller

Macht(Vor)worte

- »Es geht immer nur um Macht. Mit meinen inhaltlichen Anliegen dringe ich gar nicht mehr durch.«
- »Diese Machtkämpfe verhindern jede Entwicklung, die setzen noch das Überleben der Einrichtung aufs Spiel.«
- »Es ist absurd, was da jetzt als Kompromiss ausgehandelt wurde, bar jeder Vernunft.«
- »Da müsste mal jemand ein Machtwort sprechen. So kann es nicht weitergehen.«
- »Ich weiß wirklich nicht, wie der es geschafft hat, an diese Position zu kommen – mit Sachkenntnis jedenfalls nicht.«
- »Ich sehe gar nicht ein, warum ich hier wieder den Kürzeren ziehen soll. Dieses Mal nicht!«
- »Ober sticht Unter.«
- »Wenn du dich immer brav an die Regeln hältst, kannst du vielleicht mitspielen, aber du wirst nie als Gewinnerin vom Feld gehen.«
- »›Wer spricht von Siegen? Überstehn ist alles‹, sagt schon Rilke.«
- »Eigentlich will ich gar nicht mitmachen bei diesen Machtspielchen.«
- »Als Beraterin bin ich da eh außen vor.«
- »Wenn du dich da mal nicht täuschst!«

1 Beziehung statt Sache: Ein Paradigmenwechsel

> »Es setzt sich nur so viel Wahrheit durch, wie wir durchsetzen. Der Sieg der Vernunft kann nur der Sieg der Vernünftigen sein.«
> *(Bert Brecht: Das Leben des Galilei)*

Die Regelwelt, an die wir im Kontext von Arbeitswelt, Beruf und Unternehmen denken, ist die der Sachlogik. Unternehmen – zumal im privatwirtschaftlichen Sektor – gelten nach wie vor als Hort der Rationalität, in denen zählt, was funktioniert, und in denen die Grundrechenarten die verlässliche Basis aller Entscheidungen sind. Menschliches, Emotionales und andere Irrationalitäten sind etwas fürs private Glück oder Leid. Im Büro hat die Objektivität Priorität.

Nach wie vor hält sich der Irrglaube, dass das sachlich bessere Argument auch das ausschlaggebende sein müsse. Und dass ein Fehler vorliege, wenn das bessere Argument *nicht* zieht. Was aber verhältnismäßig häufig vorkommt. So sind die Beschwerden laut, wenn ganz offensichtlich eine andere Ebene, eine nicht-sachliche, zum Vorschein kommt: die »Macht«.

Dieser Einsatz für seine persönlichen (unsachlichen) Interessen ist keineswegs eine Ausnahme, sondern die Regel. Das hat Gründe. Dass und wie diese Ebene konkret funktioniert, wird wenig thematisiert und beleuchtet. Der Ärger stößt immer wieder auf, aber die Reflexion darüber oder gar ein kundiger und selbstbewusster Umgang mit der Macht und den Macht-»Habern« ist selten. Meist wird auf den vorhandenen Instinkt verwiesen, den man und frau[1] habe

---

1 In diesem Buch werden die männliche und die weibliche Form in beliebigem Wechsel verwendet, wenn das Geschlecht von Personen(gruppen) unbekannt ist. Das erspart umständliche Konstruktionen ebenso wie das generische Maskulinum und schließt dennoch alle Geschlechter mit ein.

oder eben nicht. Oder es ist die Rede von fiesen Machenschaften am Rande der Legalität, die gestoppt werden müssten, und auf die sich niemand, der seriös arbeitet und auf ethische Integrität Wert legt, einlassen darf. Dass selten nüchtern (sachlich!) über Macht und ihre Hintergründe, ihre Funktionsweise gesprochen wird, ist selbst schon ein machtpolitisches Phänomen und hat vielerlei Gründe, wie sich zeigen wird.

Einer davon ist: Machtpolitik wird gelebt, aber nicht gelehrt; gelehrt wird ausschließlich Fachwissen. Jede Ausbildung, jedes Studium, jeder Berufseinstieg beginnt mit der Vermittlung der fachlichen, der professionellen Kenntnisse und Fertigkeiten. Wie versorge ich eine Wunde medizinisch korrekt? Wie programmiere ich eine fehlerfreie Software für einen Rasenmäher? Wie unterrichte ich didaktisch fundiert eine Fremdsprache? Wie fälle ich sicher einen Baum?

Das ist die erste Logik, auf die wir uns in der Arbeitswelt beziehen; und es scheint, sie bleibt lange prägend. Auf dieser ersten Ebene (siehe Abbildung 1) geht es darum, Sachen zu fertigen und Lösungen zu entwickeln. Hier zählen die beste Idee, die funktioniert, und das notwendige Know-how, sie zu entwerfen und zu bauen. Hierauf zielt die weitverbreitete Sehnsucht unter Beschäftigten, wenn sie *einfach nur in Ruhe arbeiten* wollen. Der Lohn der Mühe sind ein konkretes Ergebnis und die Erfahrung von Wirksamkeit.

Die zweite Lektion, die gelernt und gelehrt wird, führt weg von der *einfachen* Arbeitsebene – und sei diese noch so anspruchsvoll – hin zur Koordination derselben. Auf dieser Ebene wird Komplexität gemanagt, werden Prozesse gesteuert, synchronisiert, standardisiert oder überhaupt erst einmal definiert. (Multi-)Projekte werden aufgesetzt, Roadmaps angelegt und nachgehalten. Hier tauchen die ersten und bekannten Dilemmata auf, die nicht mit dem erworbenen Fachwissen der ersten Ebene gelöst werden können: zwischen Qualität und Kosten, zwischen Deadline und Änderungsanforderung, zwischen Erwartungs-, Informations- und Kontrollmanagement.

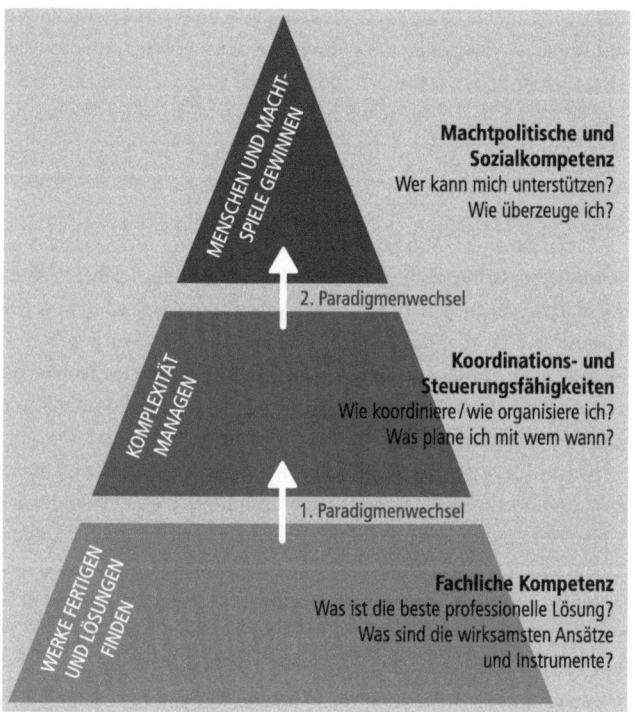

Abbildung 1: Die verschiedenen Anforderungsebenen

Interessen sind grundlegend

Der entscheidende Paradigmenwechsel führt nun aber zu einer weiteren, nämlich zur politischen, zur machtpolitischen Ebene: Es geht darum, Menschen zu überzeugen, Macht und Machtspiele zu gewinnen, sich und seine Ideen gegen Konkurrenz durchzusetzen.

Hier beginnt der Bereich der *Interessen,* der Bedürfnisse und Ängste von Menschen. Der wird nicht gelehrt (über das spezifische Verhältnis zwischen Lehre und Macht mehr in Kapitel 3), sondern erfahren. Oft als störend, als notwendiges Übel – als etwas Uneigentliches. Es ist erstaunlich, wie selbst erfahrene Führungskräfte diese machtpolitische Dimension im alltäglichen Business erstens immer wieder übersehen, zweitens lange versuchen, sie zu ignorieren oder drittens sie zu verharmlosen: als das störende »Zwischenmenschliche«, welches die Sache, das Eigentliche, immer mal wieder ins Stocken bringt. Auch die Rede von den Macht-*Spielen,* die da gespielt werden, verweist auf den Bereich des Unernstes, der unangemessen sei für seriöses Arbeiten.

Faktisch dürfen wir diese Ebene nicht nur nicht vergessen oder verniedlichen, sondern müssen die Pyramide umdrehen. Die Berufswelt steht mitnichten auf dem Sachfundament, sondern ihre Basis ist die *soziale* Ebene, auf der Menschen sich überzeugen, gewinnen, verführen und losschicken lassen, etwas zu tun oder zu erlauben. Dort, wo Macht über Menschen und der Einfluss auf sie die Motoren und Gestaltungsgrößen sind. Macht soll hier in einem ganz allgemeinen Sinn verstanden werden als »das Hervorbringen beabsichtigter Wirkungen«, wie Bertrand Russell treffend formulierte (»power may be defined as the production of intended effects«; Russell, 1938/1947, S. 32).

»Spielen, um zu gewinnen« handelt von der Macht über *Menschen,* wohlwissend, dass die Macht über die Materie durch die enormen Schritte in Wissenschaft und Technik die moderne Gesellschaft erst zu dem gemacht hat, was sie ist – und sie natürlich noch weiter prägen und verändern wird. Die Macht aber, derer es bedarf, um *Menschen* zu bewegen, zu inspirieren, zu begrenzen, ist von anderer Art; sie führt auf die Ebene der persönlichen Interessen. Und diese sind grundlegend. Sie legen den Grund für alles Weitere, was in der Arbeitswelt passiert. Schon am Beginn jedes beruflichen Engagements zeigt es sich: Der erste Grund, warum sich jemand in einem Betrieb anstellen lässt, ist keiner, der sich aus den Sachzielen dieser Unternehmung ableiten ließe, sondern ist immer ein ganz individuelles Interesse: Geld verdienen, etwas lernen, sich ausdrücken, gestalten, eine soziale Stellung haben, sich unabhängig machen oder … Und wer dann – in welcher Position auch immer – arbeitet, hat bei Vertragsunterschrift keineswegs sein bzw. ihr Bündel an Bedürfnissen und Interessen abgegeben, sondern arbeitet damit, z. b. mit dem Bedürfnis nach Zugehörigkeit oder dem nach Einzig- und Großartigkeit oder nach Gestaltungsfreiheit oder nach Schutz. All diese persönlichen Interessen und Ziele liegen nicht auf der Sachebene der Profession, nicht in der Branchenlogik, nicht in der Mathematik, sondern auf der sozialen, auf der psychologischen, eben auf der machtpolitischen Ebene. Diese Interessen schließen Sachziele durchaus ein, sind aber wesentlich umfassender und vor allem stärker als diese.

Wie in einem Brennglas wird die relativ dazu geringere Bedeutung der Sachthemen deutlich beim Neuantritt in eine berufliche Position, z. B. bei einem Führungswechsel. Der größte Fehler, den eine neue Führungskraft machen kann (es gehört wirklich *verboten* und wird doch so häufig getan): sich als Erstes in und auf die Sachthemen zu stürzen und die Beziehungsebene zum neuen Team, zu den Stakeholdern, zur Hierarchie hintanzustellen. Natürlich wird dieser Fokus auf die Sachebene gefordert. Weil es ja um die Sache geht! Nein, die erste und wichtigste Angelegenheit ist es, belastbare Arbeitsbeziehungen aufzubauen: die Akteure im engeren und weiteren Umfeld kennenzulernen, sich über Erwartungen zu informieren und zu verständigen, Formen der Zusammenarbeit zu verhandeln, ihr Vertrauen zu erringen, kurz: Menschen zu gewinnen.

Die zweite Hürde beim Neuantritt ist es, die Komplexität zu händeln: Überblick zu gewinnen, Zusammenhänge schnell zu verstehen, um schlussendlich Prioritäten setzen zu können. Wie soll das gelingen, wenn die erste Ebene – die Unterstützung durch Kollegen, Vorgesetzte, Team – nicht funktioniert? Erst im dritten Schritt ist es dann möglich, für konkrete Probleme Lösungen zu entwickeln, Instrumente einzusetzen, gewinnbringende Ansätze zu verfolgen und Ergebnisse zu produzieren.

Diese Reihenfolge ist entscheidend. Die soziale und machtpolitische Ebene zu überspringen oder als selbstverständlich funktionierend voraus- und damit hintanzusetzen, ist hoch riskant.

Diese Reihenfolge – Beziehung vor Sache – entspricht im Übrigen auch der lebensweltlichen: Lange, bevor ein Kleinkind sich fachlich engagiert und Türme aus Lego baut oder Kunstwerke aus Strichweibchen fertigt, hat es erfolgreich Menschen dafür gewonnen, seine primären Bedürfnisse zu erfüllen: es zu nähren, zu trösten, zu schützen.

Dass jemand überhaupt eine bestimmte Stelle in einem Unternehmen bekommt, ist bereits und zuallererst eine machtpolitische Entscheidung, die natürlich sachlich begründet wird, aber die Begründung wird durch den oder die gegeben, die machtpolitisch in der Lage war, die Einstellungsentscheidung zu treffen. Die Macht, in diesem Sinn die Befugnis und das Interesse, jemanden einzustellen, ist wie auch die Machtkonstellation, die zu einer Versetzung führt, primär und Grundlage für alles Weitere. Dass das gerne – von allen Seiten – vergessen und hinter der Sachebene versteckt wird, ist bereits selbst eine machttaktische Entscheidung aus dem Bereich der Mikropolitik.

Machtlogik nutzt Sachlogik, funktioniert aber anders

Es kommt hinzu: Die Sachlogik und die Machtlogik funktionieren komplett unterschiedlich. Kenntnisse und Fähigkeiten aus dem einen Bereich helfen im anderen nur sehr begrenzt weiter. Bisweilen machen sie blind füreinander. Machtkonstellationen mit Sachargumenten zu begegnen, stößt an Grenzen, denn die Währung, mit der auf der machtpolitischen Ebene gerechnet wird, ist nicht die *Sache* und ihre Gesetzmäßigkeiten, sondern das *Interesse* der Protagonisten. Dieses *kann* mit der Sache zu tun haben, muss es aber nicht.

Nach der Fusion zweier Firmen gilt es zu entscheiden, welcher der beiden etablierten Lieferprozesse innerhalb eines Beschaffungsgebiets künftig gelten soll. Dabei wird deutlich, dass sowohl Kosten wie Rahmenkonditionen des Prozesses A deutlich günstiger sind als die des Prozesses B. Wieso wird schlussendlich dennoch für Prozess B entschieden? – Nach absurd langen Verhandlungen, in deren Verlauf die erhobenen Daten wieder und wieder neu arrangiert wurden, ohne dass sie sich im Kern verändert hätten, in denen sich die beteiligten Projektleiter mehr und mehr bekriegten und währenddessen zwei ganze Abteilungen, die eigentlich ihre künftige Zusammenarbeit organisieren sollten, in der Luft hingen und nicht wussten, wann und wie endlich entschieden wird.

Das Resultat aus dem Beispiel lässt sich nur aus der Interessenlage der Akteure, die B bevorzugten, erklären, und aus ihrer wohl stärkeren Machtposition. Interessen – z. B. Statuserhalt, Funktionserhalt, Gesichtswahrung – lassen sich nicht über Sachargumente verändern.

In Anlehnung an den amerikanischen Philosophen und Zeitdiagnostiker Harry Frankfurt, der sagte: »Liebe braucht keine Gründe, sie schafft sie«, lässt sich hier sagen: Interessen brauchen keine Sachgründe, sie *schaffen* diese. Wer erlebt, wie nach einer Restrukturierung – die doch eigentlich eine Verschlankung der Strukturen bewirken sollte – die sogenannten *Sach*gründe für die Schaffung von zig Führungsstellen nur so sprudeln und am Schluss exakt so viele Stellen sachlich hergeleitet werden, wie es Führungskräfte gibt, die wieder in Position kommen wollen, kann diese kausale Umkehrung in Reinform studieren.

Selbstverständlich wird das Gespräch, der Streit immer mit Argumenten und Bauteilen aus dem *Sach*bereich geführt, aber die Auseinandersetzung wird nicht darüber *gelöst*. Nur wer etwas auf das *Interessen*konto des Gegenübers einzahlen kann, kann auf einen Gegenwert hoffen.

Auf dem Etikett der Argumentation steht »Sachgrund«, der Inhalt ist aus etwas anderem zusammengesetzt. Das macht diese para-sachlichen Kommunikationen oft so verwirrend, mitunter deprimierend.

Das zeigt z. B. die Verwunderung über einen sachlogisch nicht nachvollziehbaren Sinneswandel bei einem Kollegen gegenüber einer Kollegin, von der er allerdings inzwischen weiß, dass sie demnächst seine Vorgesetzte werden wird.

Diese staunt: »Seit Monaten streite ich mich mit ihm herum, und er wettert gegen meinen Plan und argumentiert für eine ganz andere Lösung; jetzt plötzlich versichert er mir, dass er meinen Vorschlag unterstützen wird. Und er bringt sogar dieselben sachlichen Gründe vor, die ihn bis vor Kurzem scheinbar noch nicht überzeugten. Wie kann das denn sein? Kann ich ihm nach diesem Hin und Her denn überhaupt trauen?«

Selbstverständlich kann die Kollegin in dem Beispiel ihrem Kollegen vertrauen! Er verhält sich »nicht sachrational, sondern in erster Linie sozialrational« (Rastetter u. Jüngling, 2018, S. 10), das heißt sachlich unlogisch, aber machtpolitisch konsistent und damit recht verlässlich. Nachdem er erfahren hat, wer seine neue Chefin wird, richtet er sich neu aus – an ihr. Die Rede von den »Machtspielen« in Organisationen greift nicht von ungefähr die Spielmetapher auf. Denn wie jedes Spiel hat auch die Machtentfaltung ihre eigenen Regeln.

Die Analyse von persönlichen Interessen – die der anderen wie die eigenen – funktioniert anders als die Analyse eines Beschaffungsprozesses; die Mittel und Methoden, mit denen jemand seine Stakeholder beeinflusst, sind andere als die Mittel, die eine Rakete von der Erde auf den Mond fliegen lässt. Die Stärkung des eigenen Einflussgebietes erfordert anderes Wissen und andere Fähigkeiten als lediglich die Vergrößerung der entsprechenden Sachkompetenz.

Die Macht und das Spiel: Kurzer Exkurs

Die Macht und die Metapher des Spiels scheinen ohne einander nicht auszukommen. Diese Verbindung soll hier nicht überstrapaziert werden, allerdings lohnt sich im Verlauf der ein und andere Seitenblick auf das »Spiel«.

Zentrale arbeitsweltliche Themen wie Ehrgeiz, Kooperation, Konkurrenz, Zielorientierung, Strategie, Zufall, Tempo, Fortune, Können, Erfahrung, Regeln (und Mogeln) tauchen auch im Spiel auf. Gefühle wie Lust und Frust, Stolz und Enttäuschung ebenso. Es gibt Nullsummenspiele, in denen jeder Sieg einen Verlierer benötigt. Interessanterweise ist dieses das bevorzugte Modell beim Begriff »Machtspiel«. Es gibt aber auch Abenteuer-, Gesellschafts-, Wissens-, Kooperations-, Rate-, Vertrauens-, Geschicklichkeitsspiele. Es gibt Sandkastenspiele und Endspiele. Es werden Festspiele, Lustspiele und Trauerspiele aufgeführt. Insbesondere das Letzteren zugrunde liegende Rollenspiel mit seinem zentralen Begriff der »Rolle« ist aus der Arbeitswelt nicht wegzudenken: Rollenanforderung, Rollenübernahme, Rollenklärung, In-die-Rolle-Finden oder Aus-ihr-Fallen – das sind relevante Struktur- und Handlungsprinzipien in Organisationen. Eine andere begriffliche Übereinstimmung: Der Hauptzweck vieler spielerischer wie sämtlicher privatwirtschaftlicher Unternehmungen wird »Gewinn« genannt, und in beiden Systemen gibt es den »Einsatz«.

Roger Caillois, französischer Soziologe und Philosoph des 20. Jahrhunderts, hat die sechs fundamentalen Regeln definiert, die ein Spiel ausmachen. Diese kann man nun interessanterweise auch anlegen für die Arbeit in Organisationen:
1. Die Teilnehmenden tun es freiwillig.
2. Sie leben, während sie spielen, in einer eigenen Wirklichkeit.
3. Es kommt nichts dabei heraus.
4. Das Ganze ist räumlich und zeitlich begrenzt.
5. Der Ablauf ist durch ein Regelwerk strukturiert.
6. Der Ablauf ist offen und das Ende ungewiss.

Mit Ausnahme der 3. Regel (hoffentlich) charakterisieren diese Faktoren tatsächlich jenen speziellen Kosmos recht gut, in den jede Berufstätige eintaucht, wenn sie morgens die Tür zu ihrem Büro öffnet oder nach dem Aufwachen ihre Mails checkt. Mancher Tag ist ein Kinderspiel, mancher eher ein Trauerspiel.

Die Kombination von Regel 5 und 6, von festem Regelwerk und offenem Ausgang, ist relevant: Man muss die Regeln der Machtlogik kennen, die Konstellation, also das Spiel »lesen« können, dennoch ist damit noch nichts determiniert; das öffnet den Raum und die Chancen für die Akteure und ihre Absichten – täglich neu.

Ein verbreitetes Bonmot: Männer nehmen ein Spiel sehr ernst und begegnen dem Ernst dagegen oft spielerisch, Frauen aber nehmen ein Spiel nicht ernst, sondern nur den Ernst. Was immer daran stimmen sollte, es lenkt den Blick auf eine Geschlechterdifferenz, die in Feldern der Macht und Mikropolitik durchaus eine Rolle spielt. Davon später mehr.

Das zentrale verbindende Element aber zwischen Macht und Spiel ist die Dynamik des *Wollens,* das große »*Um-zu*«: Spielen, um zu gewinnen – handeln, um zu bewirken. Das ist sowohl Ausgangs- wie Zielpunkt von Machterwerb und Machtgebrauch.

Nicht zuletzt hilft – mitten im Ernst des Arbeitslebens – vielleicht die Metapher vom Spiel, beim Umgang mit Macht nicht nur Kompetenz zu entwickeln, sondern auch ein wenig Spielfreude!

2 Phänomen Macht: Theorie(n), Alltagspraxis, aktuelle Entwicklungen

Das Phänomen Macht ist vielschichtiger als sein Klischee. Forschungen zur Macht im Allgemeinen und zu ihren Erscheinungsformen und Funktionen in Organisationen eröffnen eine ganze Bandbreite an Theorien und Praktiken. Sie helfen, den weiten Raum und Rahmen von Macht auszuleuchten. Für einen kompetenten, frischen und zeitgemäßen Umgang mit dem Phänomen Macht schadet es nicht, über einige wesentliche der vielfältigen Facetten Bescheid zu wissen. Der Reflex auf »die da oben« oder die »fiesen Machtspiele« greift erwartungsgemäß zu kurz. Gerade, weil es die alles erklärende Theorie nicht gibt, ist interessant, wer welche Bilder im Kopf hat und mit welchen Fragmenten argumentiert. Bei all dem gilt: Macht ist uns näher, wichtiger und nützlicher, als wir uns bisweilen vormachen.

Sozialwissenschaften und Psychologie vermessen Macht in zwei zentralen Kategorien: das Verhältnis zwischen Menschen und das Verhalten von Menschen. Die Ökonomie schweigt, möglicherweise mit gutem Grund.

Wie viele andere grundlegende Begriffe – Organisation, Liebe, Natur etc. –, die ebenso häufig wie selbstverständlich alltäglich gebraucht werden, ist auch der Begriff *Macht* theoretisch schwer zu greifen; es herrscht definitorische Diffusion. Die begriffliche Klarheit ist umgekehrt proportional zur Alltäglichkeit des Gebrauchs und der vermeintlichen Aussagekraft.

Schon allein für die sozialwissenschaftliche Debatte stellt Johann August Schülein (2007, S. 34) eine immense Vielschichtigkeit der Perspektiven fest:»»Macht wird als Möglichkeit der Veränderung, als Herstellung von Ungleichheit, als Folge von Ungleichheit, als Verallgemeinerung von normativem Konsens, als Medium der Übertragung von Selektion, als Mittel zur Zielerreichung, als Herrschaftsverhältnis und vieles andere mehr bestimmt und steht dabei in jeweils unterschiedlichem Verhältnis zu Gewalt, zu Einfluss, zu Autorität, zu Manipulation, zu Überzeugung, zu Legitimität. Diese Tatsache lässt nur den Schluss zu, dass Macht – außer bei gezielter Einengung der Diskussion – so weit greift und so viel einschließt beziehungsweise mitthematisiert, dass eine saubere Trennung und eindeutige Definition nicht möglich ist.«

Daneben hat auch die Psychologie schon immer große Lust gezeigt, sich der Psychodynamik der Macht anzunehmen, hier insbesondere die psychoanalytischen Theorien.

Die Entscheidung, mit einer bestimmten Definition zu arbeiten, ist bereits ein Statement, das eine Erkenntnisrichtung intendiert und entscheidend prägt – und so nicht selten selbst zum Machtinstrument in einem Diskurs wird.

Klassisch ist der Streit, inwieweit Machtverhältnisse auf persönliche Eigenschaften und individuelle Entwicklungswege reduziert werden können bzw. ob eine rein soziologische Perspektive nicht die Akteure mit ihren Prägungen, Selbst- und Fremdbildern, ihren Deformationen und Verstrickungen grob unterschätzt. Deren Projektionen, Ängste, Wünsche, Leidenschaften, Größenfantasien und Mordgelüste sind es ja, die die alltäglichen Geschehnisse entsprechend aufladen und dynamisieren.

Das Phänomen Macht stellt in der Soziologie, Psychologie und in den Politikwissenschaften einen zentralen Faktor dar, der vielfach beforscht und besprochen wurde und wird. Weit weniger sind Arbeiten im engeren Feld der Ökonomie zu finden. Neben den klassischen Themen Inflation, Konjunktur, Arbeitslosigkeit, Wirtschaftswachstum, Finanzkrisen etc. gibt es inzwischen zwar auch andere Forschungsfelder. So ist mit dem 2017 erteilten Wirtschaftsnobelpreis an Richard Thaler das Thema »menschliches Verhalten« auch in der Ökonomiewissenschaft salonfähig. Er erforschte das »Nudging«, eine verhaltensökonomische Methode, bei der versucht wird, das Verhalten von Menschen auf vorhersagbare Weise zu beeinflussen, ohne auf Verbote, Gebote oder ökonomische Anreize zurückzugreifen. Aber zum Thema Macht in Organisationen fehlen die großen Werke aus dem Fach. Der Ökonom Thomas Sedlacek (2018) kritisiert seine Zunft, weil sie versuche, »den Naturwissenschaften, besonders der Physik, immer ähnlicher zu werden, obwohl die Wirtschaftswissenschaft eigentlich eine Wissenschaft vom Menschen sein sollte«.

Noch am ehesten fündig wird man bei den dezidiert beratungs- und managementnahen Wissenschaftlern, wie beispielsweise Henry Mintzberg. Dieser stellt ebenfalls fest, dass Ökonomen sich ungern damit beschäftigen und »Arbeiten über Machteinflüsse – gemessen an der Wichtigkeit des Phänomens – in der wissenschaftlichen Forschung unterrepräsentiert sind« (Mintzberg, Lampel u. Ahlstrand, 2007, S. 17). Hier zeigt sich also schon früh der sogenannte »Rumpelstilzcheneffekt«, so nennt Oswald Neuberger das Phänomen, dass Machtverhältnisse wie mikropolitische Handlungsweisen so wenig beim Namen genannt und thematisiert werden. Sie verlieren dadurch an Wirksamkeit (Neuberger, 2002, S. 712).

2.1 Wichtige Machttheorien und -definitionen

Im Folgenden einige Definitionen aus verschiedenen Disziplinen, die aus ganz unterschiedlichen Perspektiven jeweils *einen* wichtigen Aspekt erschließen, der im Bereich von Arbeitswelt, Organisation und Beratung relevant ist oder relevant werden sollte.

Weber und Lewin: Den eigenen Willen durchsetzen

Ein Klassiker der Definition von Macht und eine der wirkmächtigsten stammt vom Soziologen Max Weber: »Macht bedeutet jede Chance, innerhalb einer sozialen Beziehung den eigenen Willen auch gegen Widerstreben durchzusetzen, gleichviel worauf diese Chance beruht« (1921/1922: posthum/2012, S. 99, § 16). Seine Beschreibung ist insofern wichtig, als sie mehreres enthält, was zum verbreiteten Allgemeinverständnis von Macht beigetragen hat wie auch zu Klischeevorstellungen davon. Konstitutiv in Webers Definition ist die Anwesenheit von »Widerstreben«: Wo kein Widerstand, da keine Macht, heißt vielfach der Kurzschluss.

Der Psychologe Kurt Lewin trägt mit seiner Definition ebenso dazu bei: »Wir können die Macht, die b über a besitzt, definieren […] als den Quotienten aus der größtmöglichen Kraft, mit der b auf a einwirken kann […], und der größtmöglichen Widerstandskraft von a« (Lewin, 1951/2012, S. 300).

Was diese Machtdefinitionen ebenfalls veranschaulichen, ist ein soziales Verhältnis. Es scheint, dass Machtausübung die direkte soziale Beziehung, den Kontakt von Person zu Person voraussetzt. Lewins physikalische Metapher lässt den (Macht-)Kampf zweier Gegner fast plastisch vor dem inneren Auge erscheinen: Der Stärkere gewinnt. Die Angst vor dem Stärkeren, der einen niederringt, ebenso wie andererseits der Wille, zu gewinnen oder die Lust, Widerstand zu leisten, findet hier ihren Ausdruck.

Die Blickführung dieser Definitionen unterstützt dadurch eine gewisse individuale Engführung: Machtkämpfe als Konflikte zwischen Einzelpersönlichkeiten. Die strukturelle Ebene steht (noch) im Hintergrund. So bleiben vielfältige Machtkonstellationen und strukturelle Bedingungen von Macht außerhalb des Radars. Dies entspricht auch dem Diskurs in der nicht-wissenschaftlichen Welt, im lebensweltlichen Alltag, in den Unternehmen und Organisationen – und hat von daher hohe Relevanz und Rückwirkung auf das landläufige Verständnis und Verhalten in Machtfragen.

Wesentlich bleibt aber, dass Macht ein Beziehungsphänomen ist.

Des Weiteren verdeutlichen diese Definitionen die *Relativität*, die den Machtbegriff kennzeichnet. Es gibt kein allgemeingültiges Maß von Macht, mit dem sich die absolute Macht eines Einzelnen, unabhängig von der konkreten Situation, beziffern ließe. Maße wie Euro, Kilogramm oder Zentimeter ermöglichen auch ohne Vergleichsposten eine Aussage mit einem bestimmten Informationsgehalt. Wie groß die Macht von jemandem ist, zeigt sich nur im *Verhältnis* zu dem, was er oder sie erreichen will, oder zu dem, was sich ihm oder ihr in den Weg stellt. Es werden daher immer Relationen in den Beschreibungen nötig: »größer als«, »nicht groß genug, um …« etc.

Ein anderer wichtiger Aspekt aus Webers Definition steckt im Begriff »jedwede Chance«. Hier scheint auf, dass die Machtquellen prinzipiell unerschöpflich sind und das Terrain erst einmal keine definierte Grenze hat. Um eine Chance zu haben, ist es günstig, einen großen Teil dieses Terrains zu kennen und gleichzeitig immer damit zu rechnen, dass andere und neue Faktoren auftauchen, die die Chancen wieder neu verteilen. Wie bei den meisten Spielen hat jemand, der die Regeln gut kennt und anwendet, gute Gewinnchancen. Nichtsdestotrotz ist der Ausgang eines Spiels grundsätzlich ungewiss. Es ist nicht determiniert, sondern lässt allen Beteiligten ihre Chance.

Chancen kann jemand nutzen oder verstreichen lassen. Auch dieser Aspekt spielt im Feld der Macht eine wichtige Rolle, handelt es sich doch primär um ein Vermögen, das nicht immer eingesetzt bzw. aktualisiert werden muss.

Foucault: Selbstdisziplin ersetzt Sanktionen

Michel Foucault, französischer Soziologe und Philosoph, beschreibt als Spezifikum der modernen Gesellschaft, dass sie zur Durchsetzung von Interessen nicht mehr der feudalen Repression bedarf, sondern durch Sozialisation und Disziplinierung in den gesellschaftlichen und beruflichen Institutionen bewirkt, dass aus Fremdkontrolle Selbstkontrolle wird. Sich pünktlich zur Schule zu begeben und stillsitzen zu lernen etc., darin sieht er eine wesentliche Voraussetzung für die Industrialisierung. Diese »Disziplinarmacht«, wie Foucault (1978) sie nennt, ist gerade nicht die des einzelnen Disziplinarvorgesetzten, der Druck auf seine Mitarbeitenden ausübt, sondern Ergebnis umfassender Selbstdisziplinierung. Der Begriff »vorauseilender Gehorsam« charakterisiert sehr schön diese Verschiebung und ist aus dem modernen Berufsleben nicht wegzudenken. Dass ein Betrieb seine Sanktionsmacht einsetzt, ist nämlich relativ selten, gemessen an den unendlich vielen einzelnen Entscheidungen und Handlungen, die sich tagtäglich ereignen, ohne dass die Leitung sie beanstandet, reglementiert und schlussendlich gar bestraft.

Foucaults Analyse aus den 1970er Jahren ist nach wie vor aktuell: Aus der Selbstdisziplinierung ist die *Selbstoptimierung* geworden. Deren Wellen und Formen nehmen nun nicht mehr nur das Stillsitzen ins Visier, sondern auch die Ernährungsgewohnheiten, die Gesundheitsfürsorge, die sportliche Ertüchtigung. Und das geht bis hin zur spirituellen Selbstseelsorge und natürlich ohnehin zu den vielfältigen Arten der Informations- und Emotionsbeschaffung und -weitergabe. So werden aus ehemals Bezwungenen »Komplizen der Zwänge« (Bourdieu), die auf sie wirken, und die Verselbständigung bestehender Machtstrukturen setzt sich fort.

Jede Auseinandersetzung mit Macht kann also – mit Foucault – auch an diesem Punkt ansetzen und fragen: Welche Prinzipien haben Individuen, Gruppen, Teams, ganze Betriebe so verinnerlicht, dass deren Bedeutung für sie außer Frage steht, dass die Vorstellung einer alternativen Haltung gar nicht erst auftaucht?

Han: Ein weiter Raum der Freiheit

»Wer eine absolute Macht erreichen will, wird nicht von der *Gewalt*, sondern von der *Freiheit* der Anderen Gebrauch machen müssen« (Han, 2005, S. 14 f.). Byung-Chul Han, Kulturwissenschaftler und Essayist, hat in seinem schmalen Band »Was ist Macht?« (2005) die verschiedenen Facetten von Macht – politisch, sprachlich, metaphysisch, logisch, ethisch – umfassend ausgelegt.

Seine Machtlogik ermöglicht die Verbindung von Freiwilligkeit und Unterdrückung: Die Macht, die auf *Befehlen* beruht und die Macht, die auf *Freiheit* und Selbstverständlichkeit beruht, stellt Han nicht gegenüber. Sondern sein Zugang ermöglicht es, sie als ein und dasselbe Prinzip anzusehen, das nur der *Erscheinung* nach verschieden ist. Dadurch erweitert und vereinfacht er gleichzeitig die Thematik. Im Kern haben beide Arten dieselbe Struktur: *Ego realisiert bei Alter seine Entscheidungen.* Dadurch verschafft sich Ego einen weiten Raum des Selbst. Wodurch das im Einzelfall geschieht, ist *gleich*gültig.

Das Geschehen der Macht erschöpft sich nicht in dem Versuch, Widerstand zu brechen oder Gehorsam zu erzwingen. Je mächtiger die Macht ist, desto stiller wirkt sie. Wo sie eigens auf sich hinweisen muss, ist sie bereits geschwächt (S. 14 f.). Macht funktioniert gerade nicht wie ein mechanischer Stoß, der einen Körper von seiner ursprünglichen Laufrichtung einfach wegdrängt. Sie wirkt vielmehr wie ein Feld, in dem sich die Teile gleichsam aus freien Stücken bewegen. Wo der König durch die Tür schreitet, wenden sich die Blicke magnetisch ihm zu. Dieser Machtmagnetismus, diese Anziehungskraft eines attraktiven Feldes, lässt sich an der enormen Macht – dem weiten Raum – erkennen, den die sozialen Medien erschlossen haben. Niemand zwingt uns, uns dort zu veröffentlichen. Aber ein unwiderstehliches Attraktionsfeld – verbunden mit der schlichten Angst, nicht dazuzugehören – bewegt die Massen, freiwillig.

Gewalt und Freiheit liegen an den beiden Polen ein und desselben Machtkontinuums. Und Han lässt keine Zweifel daran, welche Machtform die wirkungsvollere ist. Im Folgenden wird auch nicht unterschieden zwischen (der bösen) Macht und (dem guten) Einfluss, sondern beide Begriffe werden synonym benutzt: Es geht jeweils um das »*Um-zu*«.

Jullien: Das Potenzial einer Situation

Macht, als Ursprung von Wirksamkeit betrachtet, benötigt noch einen weiteren Zugang: Der französische Denker und Sinologe François Jullien erschließt über den Umweg über China und seine klassischen

Denktraditionen diesen anderen wichtigen Aspekt von Macht. Jullien formuliert den fundamentalen Unterschied zwischen europäischem und chinesischem Denken:
- Der Wille, »der Welt die Stirn zu bieten«, sich zu behaupten und seine Ziele zu realisieren, kennzeichnet seit Prometheus den abendländischen Mächtigen – ob in Gestalt des Hardliners oder des Charismatikers.
- »Die Chinesen wissen: nicht alles hängt von mir allein ab. Die Situation ist reich an möglichen Entwicklungen« (Jullien, 2008/2009, S. 2).

Das Letztere bedeutet in der Konsequenz: Aus der *Situation* ergibt sich die Wirkung, nicht aus der *Person* oder der Tat. Dieses Denken führt weg vom europäischen Heldentum, weg von Herkules und Sisyphos, der immer wieder und mit viel Krafteinsatz einen Felsen den Berg hinaufrollt, weg von den Machern, die ihre Ziele gegen alle Widerstände durchsetzen wollen. Der chinesische Stratege agiert sehr diskret und gestaltet die *Situation* allmählich so, dass sie sich neigt, sich zu seinen Gunsten verändert und sich letztlich wie ein Abhang auftut, den hinab die Auswirkungen ihren Lauf nehmen. Echte, effektive Erfolge sind also unsichtbar. Je wirksamer das Verhalten, desto weniger ist es sichtbar, desto mehr vereint es sich mit der Prozesshaftigkeit (Jullien, 2008/2009).

Der Perspektivenwechsel, denn Jullien vornimmt, verweist von der Macht auf die *Wirksamkeit*. Um in einer Organisation wirksam zu werden, braucht es weit mehr als die eigene Macht. Wirksamkeit ist eng verbunden mit den Potenzialen der Gesamtsituation, die es zu erkennen und zu modellieren gilt. Nicht nur die Akteure und ihr Machtvolumen sind relevant, sondern die Konstellation: Wie entwickeln sich Themen, Zahlen, Debatten, Gerüchte? Welche Gelegenheiten sind heute da, morgen nicht mehr? Welche Ströme verbinden sich, lassen sich verbinden und verstärken?

Die verbreitete Fixierung auf die »Macht-Haber« verstellt die Sicht auf das Potenzial einer *Situation*, sie erschwert die Analyse von Konstellationen – denn die stillen Strategen und leisen Bewegungen werden übersehen – und sie verhindert, günstige Gelegenheiten zu erkennen und sich viel, viel früher und an den Wurzeln Gedanken zu machen, was reifen soll.

McClelland: Die innere Erfahrung und der Unterschied zwischen Männern und Frauen

Nach den soziologischen Machtaspekten nun ein psychoanalytischer Blick auf das Individuum und seine Entwicklung. Die Studien des Verhaltens- und Sozialpsychologen David McClelland sind hier besonders relevant. Er hat Niveaus im Umgang mit Macht nachgewiesen, die ihren Ursprung jeweils in einer Entwicklungsphase der Kindheit haben. Interessant ist dabei, dass seine Studie »Macht als Motiv« (1978, orig. »Power. The Inner Experience«) zwischen Männern und Frauen differenziert und sich markante Unterschiede zeigen.

Die vier Niveaus lassen sich in Kurzform fassen als:
1. Ich lasse mich von anderen stärken.
2. Ich bin in der Lage, mich selbst zu stärken.
3. Ich will und kann andere beeinflussen.
4. Ich nutze meine Macht legitim und tue, was notwendig ist.

Grundlegend für das Machtbedürfnis sind seiner Ansicht nach zwei Bedürfnisse: Das eine ist, stark zu sein, und das zweite, Einfluss zu nehmen. Während das Erste also auf Machtpotenzial zielt (noch ohne es anzuwenden), ist der zweite Wunsch klar handlungsorientiert.

Die beiden ersten Niveaus ermöglichen das Mächtigsein:
1. *Wer* stärkt mich (orale Phase)? Für Männer ist hier die Mutteridentifikation als Absicherung eigener Aktivitäten zentral, Frauen suchen Unterstützung durch andere.
2. Wie stärke *ich* mich (anale Phase)? Männer zeigen sich kontrolliert und streben nach Autonomie; Frauen kontrollieren ihre Aggressionen und streben nach Freiheitsgraden *in* Beziehungen.

3. Das dritte Niveau kennzeichnet die Fähigkeit und den Willen zur Einflussnahme: Wie nehme ich *Einfluss* auf andere (phallische Phase)? Männer streben narzisstische Beziehungsfreiheit an und meiden Bindungen, die sie begrenzen. Frauen suchen Aktivitätsmöglichkeiten und Selbstständigkeit.
4. Im vierten Niveau wird die Einflussnahme ethisch legitimiert: Was ist meine *Pflicht* zu tun (ödipale Phase)? Hier identifizieren sich Männer mehr mit der Organisation und ihren Zielen; Frauen entwickeln mehr Ehrgeiz in Kompetenzrollen.

Auf welche Weise sich dabei biologische Vorgaben, soziale Prägungen oder kulturspezifische Faktoren beeinflussen, ist dadurch nicht abschließend geklärt. Aber dass es signifikant unterschiedliche Machtmuster bei den verschiedenen Geschlechtern gibt, kann als gut belegt und erforscht gelten (Rastetter u. Jüngling, 2018). Für Frauen ist eine starke inhaltliche Motivation für die Aufgabe (Kompetenzorientierung) ein Motiv für die Übernahme z. B. von Führungsverantwortung, während für Männer die Personalverantwortung zentral ist, die sie unabhängig von der konkreten Aufgabe als neue Machtebene schätzen. Daniela Rastetter bringt das prägnant auf den Punkt: »Männer sehen ihre Aufgabe als Funktion für den Aufstieg, Frauen sehen Aufstieg und Führungsverantwortung als Funktion für die Aufgabe« (Rastetter, 2007, S. 90).

Ein anderes Ergebnis von McClellands Forschungen zum Thema Macht ist für die Motivationsforschung grundlegend geworden: das Konzept der großen drei Grundmotive von Menschen (The Big Three): Neben Zugehörigkeit und Leistung ist Macht eine der drei zentralen Motive von Menschen. Grundmotivationen, seien sie bewusst oder unbewusst, schaffen das starke Bedürfnis nach bestimmten Erfahrungen, sie treiben an und bestimmen, wie intensiv oder ausdauernd wir uns wo engagieren. Sie gehen einher mit bestimmten Ängsten. Diese unterschiedlichen Grundbedürfnisse finden sich bei allen Menschen, unabhängig von ihrer Herkunft oder sozialen Stellung.

Die drei Grundmotive stellen sich im Wesentlichen folgendermaßen dar:
- Menschen mit der Grundmotivation *Zugehörigkeit* suchen Zuwendung, Geborgenheit, eine gute Beziehung zu anderen, Sicherheit. Sie möchten, dass ihr Arbeitsbeitrag beachtet und eingebunden wird. Sie fürchten Zurückweisung und das Gefühl, wertlos zu sein.
- Menschen mit der Grundmotivation *Leistung* suchen Erfolg, Fortschritt, Selbststeuerung, fachliche Herausforderung. Sie meistern hohe Standards und wollen, dass ihre Leistungen, auf die sie stolz sind, anerkannt werden. Sie fürchten, schwach oder nutzlos zu sein und meiden das Gefühl des Versagens.
- Menschen mit der Grundmotivation *Macht* schätzen Kontrolle, Dominanz, Einfluss, Kampf, Wettbewerb, Status, Prestige. Sie wollen in Entscheidungen eingebunden sein. Sie fürchten, abhängig und unwichtig zu sein, und sie fürchten das Gefühl von Ohnmacht und Kontrollverlust.

Zugehörigkeit, Leistung und Macht sind in Organisationen wichtige Treiber. Die Beschäftigten teilen diese in unterschiedlicher Weise. Das Streben nach Macht an sich ist nicht bei jeder Person gleich ausgeprägt, und das Gefühl, machtvoll zu sein, ist für manche sehr, für andere wenig attraktiv. Dabei gilt: Handlungen können sich äußerlich sehr ähneln, das dahinterliegende Bedürfnis kann aber jeweils ein ganz anderes sein. Wer eine neue Aufgabe übernimmt, tut das vielleicht wegen der erweiterten Macht *oder* weil eine neue fachliche Herausforderung reizt *oder* weil es die Möglichkeit eröffnet, zu einem ganz bestimmten Team zu gehören. Mit einem stark ausgeprägten Machtmotiv ausgestattet zu sein, heißt keineswegs, in jedem Fall dominant aufzutreten, sondern möglicherweise einfach nur kompetent und überzeugend.

Nebenbei: Machtmotive sind auch hier negativ konnotiert. Niemand will sich Machtwillen nachsagen lassen. Zugehörigkeit hört sich dagegen etwas (zu) lieb an. Nur das Leistungsmotiv würde man sich gerne selbst attestieren, es passt zum zeitgenössischen Sound der Arbeitswelt.

Aber: Die eigenen Bedürfnisse und Wünsche sind nicht frei konfigurierbar, sondern in hohem Maße gegeben. Es gilt, sie zu entdecken. Die Aufmerksamkeit auf die unterschiedlichen Interessen und Bedürfnisse von Menschen in Organisationen sind wichtige Faktoren, um dort Einfluss und Wirksamkeit auszubauen.

2.2 Macht in Organisationen

Organisationen sind Orte der Handlung, zumindest von Aktivitäten. Macht ist nur im Zusammenhang mit Handlung und Aktion relevant. Und jeder Handlung sind Machtaspekte eingewoben. Macht will nicht *erkennen,* sondern *bewirken:* Bei anderen Personen, in bestimmten Prozessen und Systemen soll etwas geschehen. Im Organisationskontext ist vor allem interessant und beforscht, welche *Funktion* Macht hat, wozu sie benötigt und genutzt wird; und am anderen Ende der Skala, woher sie gewonnen wird, welche die *Quellen* von Macht sind.

Das Wozu: Nutzen organisationaler Macht

Organisationen, so der Soziologe Armin Nassehi (2017, S. 16), »sind die letzten Großapparate, in denen Asymmetrien geradezu konstitutiv sind«. Das Versprechen moderner, der Aufklärung verpflichteter Gesellschaften lautet, dass sie keinen Unterschied zwischen Menschen machen. Genau das gilt aber in Firmen *nicht*. Denn Führung – auch die sogenannte kooperative Führung – beinhaltet immer ein Machtverhältnis. Informationszugänge und andere Privilegien sind ungleich verteilt. Eine zielorientierte Steuerung vieler Einzelner lässt sich passabel über Hierarchien organisieren. Diese regeln, wie Arbeit zugeteilt ist, wer zentrale Regeln erlassen kann, welche Befehlskaskaden gelten. Sie ermöglichen einen gepflegten »Waffenstillstand«, sodass nicht jeder gegen jeden vorgeht, dessen Ansicht er nicht teilt oder dessen Themenfeld er selbst und anders beackern will. Eigeninteressen haben sich dem Gesamtinteresse unterzuordnen.

Viele Forderungen nach größerer Gerechtigkeit oder Mitbestimmung in Unternehmen werden vor dem Hintergrund gesellschaftlicher Symmetrieerwartungen gestellt. Die Asymmetrien in Organisationen lassen sich denn auch einzig und allein funktional begründen: ob sie gemessen am Zweck der Organisation einen Nutzen stiften. Und tatsächlich: Macht *nützt* in allererster Linie.

Henry Mintzberg beschreibt Macht als die Fähigkeit, organisationale Ergebnisse zu bewirken bzw. zu beeinflussen: »the capacity of individuals or groups to effect, or affect, organizational outcomes« (Mintzberg, 2012, S. 74). Er lenkt den Blick auf die Funktion von Macht, und die ist grundsätzlich nützlich und notwendig, um jedwede Organisation überhaupt aufzubauen und am Laufen zu halten, damit sie ihren Zweck erfüllen kann. Organisationen müssen einen Outcome produzieren, sonst verlieren sie ihre Legitimität. Dieses Postulat bleibt stets – allen Überlebensanstrengungen von nutzlosen oder unproduktiven Unternehmungen zum Trotz – wirtschaftlich gültig.

Luhmann, der große Soziokybernetiker des 20. Jahrhunderts, hat das Gleiche abstrakter formuliert, aber nicht minder schlüssig dargestellt: Psychische Systeme, also Menschen, produzieren unablässig Gedanken und Emotionen; soziale Gruppierungen produzieren endlos Kommunikationen, und Organisationen produzieren ununterbrochen Entscheidungen (auch wenn sie nicht entscheiden).

Obwohl in Organisationen Gedanken, Gefühle und Kommunikationen zuhauf herumschwirren, sind diese nicht das konstitutive Merkmal derselben, sondern die De-facto-Ergebnisse, die aus den wissentlich/unwissentlich, automatisiert/kontrolliert, zufällig/abgestimmt oder sonstwie getroffenen Entscheidungen resultieren. Dabei sind Entscheidungen, »die auf der Hand liegen«, also die unstrittig sind, gar nicht gemeint. Es sind die prinzipiell »unentscheidbaren Fragen« (Heinz von Foerster), die der Entscheidung bedürfen.

Die Systemtheorie erkennt, dass solche Entscheidungen in einem komplexen sozialen System nicht mehr per Interaktion und Kommunikation herbeigeführt werden können. Die Selektion der »richtigen« Entscheidungen wird zum Problem. Hier setzt die Funktion der Macht an: Sie reduziert die Komplexität enorm und entlastet die zeitraubenden und vielschichtigen Kommunikationsprozesse (Luhmann, 1975/2012, S. 27 ff.). Machtstrukturen verringern Tempoverluste, die durch Argumentationsnotwendigkeiten und Kommunikationsschleifen entstehen. Schon der lapidare Spruch »Ober sticht Unter«, mit dem mancher die getroffenen Entscheidungen schulterzuckend flankiert, zeigt oftmals weniger Empörung darüber als vielmehr die Entlastung, die darin besteht, dass etwas getan werden kann, das man praktischerweise zugleich akzeptieren wie kritisieren kann.

Dysfunktional werden Machtstrukturen dann, wenn diese Effekte – relative Zielklarheit, Geschwindigkeit, Waffenstillstand in den Konkurrenzkämpfen – ausbleiben oder sogar in ihr Gegenteil verkehrt werden. Wenn die Reduktion von Komplexität plötzlich auch Ideen, Vertrauen oder Innovationskraft reduziert, wenn Entscheidungswege sich verzerren und verlängern, wenn also die Kosten die Erträge von Macht übersteigen.

Das stellt dann aber nicht das Dass, sondern lediglich das Wie der Machtausübung und der Machtstrukturen infrage. Dysfunktional ist nämlich ebenfalls, Macht grundsätzlich als negativ zu qualifizieren und sie überwinden zu wollen. Viele Organisationen, die sich den Symmetriewerten von Gleichheit und Gerechtigkeit verpflichtet wissen, neigen genau dazu und tragen so dazu bei, dass Machtgebrauch mit Schuldgefühlen gekoppelt wird.

Wie wichtig Macht ist und wie sehr sie herbeigewünscht wird, wenn sie fehlt und die Entlastung nicht mehr ermöglicht, zeigt sich verlässlich in Veränderungsphasen von Unternehmen. Meist ertönt schon nach kurzer Zeit der Ruf nach klarer Führung, beginnt die Suche nach jemandem, der sagt, »wo's langgeht«, weil es unheimlich verunsichernd ist, das nicht zu wissen, und unheimlich anstrengend, viele einzelne Handlungsschritte jeweils selbst mit allen möglichen Akteuren aushandeln zu sollen.

Das Woher: Quellen organisationaler Macht

Nun ist es notwendig, Macht ganz allgemein und praktisch zu differenzieren, denn es gibt sehr unterschiedliche Arten von Macht in Organisationen. Sie speisen sich aus verschiedenartigen Quellen. Alle beinhalten ein Plus an Wirkungswahrscheinlichkeit: Die Weber'sche »Chance« erhöht sich. Die wichtigsten Chancenmehrer, um in Organisationen Wirkungen zu erzielen, sind die Folgenden (siehe Tabelle 1). Dabei lässt sich leicht überprüfen, wie groß und von welcher Art die jeweils eigenen Machtquellen sind: Welche hat man sich in welchem Maß erschlossen? Welche kennt oder will man gar nicht?

Tabelle 1: Quellen organisationaler Macht

Ressourcen	Zugang zu raren Mitteln und/oder Kontrolle über sie: Budgets, Personal, Status, Zugang zu Schlüsselpersonen, Zeitslots in wichtigen Gremien, Räume, Infrastruktur, technische Anlagen etc.
Informationen	Privilegierte technische, soziale oder persönliche Informationen: Hierzu gehört auch das Wissen um bestimmte Präferenzen wichtiger Akteure, über Pläne und Strategien von Einzelnen oder bestimmten Organisationseinheiten, über »Geheimnisse« (die noch nicht oder nie veröffentlicht werden), das Wissen um die »Leichen im Keller« ebenso wie die Geburtstage der Assistentinnen (welche selbst wiederum über große Informationsmacht verfügen.) Auf der strukturellen Ebene ist hier die Anzahl und/oder die Kontrolle über Informationskanäle zu nennen, personale, technische wie personale (Wieviel wird mir zugetragen?).
Expertise	Spezielles Wissen, über das jemand – teilweise sogar exklusiv – verfügt und die nachgewiesene Fähigkeit, es souverän anwenden zu können. Das meint Know-how im Fachgebiet, Sprachkenntnisse, Branchenwissen, ebenso aber auch Kenntnisse z. B. von Projektmanagement, Gruppen- und Prozessdynamiken; die Kompetenz, zu vermitteln, zu deeskalieren, zu moderieren, zu managen etc.
Beziehungen	Kenntnis und Bezug zu Leuten, die behilflich sein können bei den diversen Vorhaben. Hier geht es um die Fähigkeit, Beziehungen zu knüpfen und zu pflegen, Sorgen anderer zu antizipieren, sie zu unterstützen, ihnen zuzuhören, Vertrauen aufzubauen und nicht zu enttäuschen; Verlässlichkeit, Loyalität, Anerkennung sowohl in Bezug auf die eigenen Mitarbeitenden wie zu nahen und fernen Organisationsmitgliedern und Stakeholdern jedweder Couleur.

Druck	Die Fähigkeit, Druck auszuüben, zu belohnen und zu bestrafen. Das ist möglich durch einen Status, eine Formalmacht oder ebenso durch Wissen; es bedarf aber auch einer autoritativen persönlichen Konstitution, die dazu in der Lage ist, andere zu bedrängen.
Position	Die formale Position, der Status, der es erlaubt, für einen bestimmten Bereich die Agenda zu setzen: zu erlauben und zu definieren, was geht und nicht geht, Aufgaben zu vergeben, zu priorisieren, Personal einzustellen und zu entlassen, Deadlines zu bestimmen, Taskforces einzusetzen; Vetorechte, Informationsrechte, Eskalationsrechte, Mitspracherechte, Freigaberechte etc.
Persönlichkeit	Das Charisma, die Glaubwürdigkeit, Integrität und Leidenschaft; das Engagement, die Verbundenheit mit den Visionen einer Unternehmung ebenso wie die grundlegenden Werte, die im Umfeld geteilt werden. Härte und Ernsthaftigkeit oder/und Begabung und Virtuosität, oft Erfahrung und Lebensleistung ermöglichen eine persönliche Autorität, die Gefolgschaft fordert und bekommt.
Neu in den Charts: Potenzialzuschreibung	Organisationseinheiten, Personen, Geschäftsmodelle, Methoden oder Technologien, auf die aus welchen Gründen auch immer große Hoffnungen gesetzt werden. Wem oder was Potenzial attestiert wird, evoziert die Hoffnung auf Wachstum, Gewinn, einen schnellen Turnaround, einen Wettbewerbsvorteil etc. und begründet damit Machtzuwächse. Potenziale lassen sich teilweise kalkulieren, sind aber prinzipiell projektiv. Auf der persönlichen Ebene ist oft der Narzissmusfaktor proportional zu diesem Vermögen, große Hoffnungen auszulösen.

Umgangssprachlich wird Macht in Organisationen in der Regel mit der Status- und Positionsmacht in Verbindung gebracht. Diese ist aber nur *eine* Machtart unter vielen. Heinz-Dieter Schmalt und Heinz Heckhausen stellen nicht umsonst in ihrer Zusammenfassung die soziale Kompetenz an die erste Stelle: »Macht ist […] durch eine Gefällestruktur auf den Dimensionen Soziale Kompetenz, Zugang zu Ressourcen und Statusposition charakterisiert« (Schmalt u. Heckhausen, 2010, S. 214).

Das Wem: Zuschreibung organisationaler Macht

Wem Macht zugeschrieben wird – das ist ein entscheidender Faktor im gesamten Diskurs. Macht »entsteht im Kopf«. Eine Wirkung ist sichtbar und diese wird einer Ursache zugeordnet. Denn das Bedürfnis, eine kausale Verknüpfung herzustellen und dadurch Verstehen und Orientierung zu ermöglichen, ist groß. Foucault spitzt es zu: »Macht ist nicht eine Institution, ist nicht eine Struktur, ist nicht die Mächtigkeit einiger Mächtiger. Die Macht ist der Name, den man einer komplexen strategischen Situation in einer Gesellschaft gibt« (Foucault, 1978, S. 114). Dazu eine (wahre) Geschichte aus dem Tierreich:

> Hirsche leben in zwei Rudeln: Die weiblichen Tiere zusammen mit den Jungtieren werden geleitet von der ältesten und erfahrensten Hirschkuh. Das Rudel der männlichen Hirsche folgt dem jüngsten und unerfahrensten Hirsch. Warum? Wenn dieser sich als erster in ein gefährliches Terrain begibt, ist er der erste, der dort vom Jäger gesehen und erschossen wird. Die anderen sind dann gewarnt und bleiben zurück. Die evolutionären Kosten – der Verlust des kleinsten und dümmsten Hirsches – sind verkraftbar.

Dieser Jungspund hatte sehr wohl die »Macht«, seine Artgenossen zur Gefolgschaft zu bewegen (so lange es gut ging). Aber der Unterschied zwischen ihm und der alten Hirschkuh könnte größer nicht sein. Beiden wird – aus Wirkungsperspektive – Macht zugeschrieben, weil andere ihnen folgen. Die Attribution selbst sagt aber über den spezifischen Charakter der Macht oder über die tatsächliche Konstitution des »Mächtigen« nichts aus. Oft sind es nur mehr »nützliche Idioten«, denen eine Projektleitung »um den Hals gehängt« oder »ans Bein gebunden« wird, weil es funktional für etwas oder jemanden ist, dessen Mächtigkeit sich nicht so leicht erschließt.

Im Namen der Macht – unter dieser »Camouflage« (Busse, 2016, S. 63) – wird ohnehin so manches verhandelt, was besser unter den Begriffen Konflikt, Enttäuschung, Dilemma, Paradoxie, Unfall, Projektion, Zufall, Überforderung, Unwissen, Ungleichzeitigkeit u. a. m. zu fassen wäre. Aber die Weite und Alltäglichkeit und (bisweilen auch) Wucht von Macht-Ohnmacht-Erlebnissen begünstigen diese Entgrenzung des Begriffs, die selbst wiederum hervorragend mikropolitisch eingesetzt werden kann.

2.3 Mikropolitik: Die Alltagspraxis der Macht in Unternehmen

Als Mikropolitik bezeichnet Oswald Neuberger, der filigran wie kein anderer dieses Feld beforscht hat, »das Arsenal jener alltäglichen ›kleinen‹ (Mikro-!)Techniken, mit denen Macht aufgebaut und eingesetzt wird, um den eigenen Handlungsspielraum zu erweitern und sich fremder Kontrolle zu entziehen« (Neuberger, 2002, S. 685). In Abbildung 2 sind einige gängige Techniken aus dem Arsenal zu sehen.

Mikro, also klein sind sie, weil sie in den Niederungen des Alltags auftauchen. Und sie scheuen das Licht, tendenziell verdeckt manifestieren sie sich unterhalb der Schwelle des Besprechbaren – wie Rumpelstilzchen. Mikropolitisches Handeln ist grundsätzlich nicht auf Aufklärung aus. (Das birgt manche Spannung für die Supervision, eine Beratungsform, die sich explizit der Aufklärung verpflichtet fühlt.) In dem Moment, wo offiziell oder in irgendeiner Form dokumentier- und überprüfbar wird, was auf welche Weise zustande kam, würde es entweder legitimiert (also für alle gültig) oder sanktioniert. Das berühmte »Okay, weil du's bist, … aber nur ausnahmsweise, … sag aber nicht, dass …« bleibt exklusiv. Wohlwissend, dass es diese Verabredungen überall gibt, ist es für den Machtausübenden wichtig, dass sie im jeweils konkreten Fall immer undeutlich bleiben und nicht rechtfertigungspflichtig oder allgemeingültig werden.

Wer beschreibt, wie er oder sie selbst mikropolitisch arbeitet, wird machtloser, weil er oder sie sich lesbar, also ausrechenbar macht. Wer anderen Mikropolitik offen vorwirft, gilt als naiv – und als schlechte Verliererin.

Abbildung 2: Mikropolitische Techniken (Beispiele)

Kurzer Seitenblick zur Spielmetapher, die sich natürlich gerade im Bereich Mikropolitik großer Beliebtheit erfreut. Denn in dem Bild des Spiels lassen sich zwei Spielkonzepte und zwei Spielertypen wunderbar unterbringen: das des »untersozialisierten« Pokerspielers, der nur an den eigenen Gewinn denkt und blufft und andere belügt (der Klischeemachiavellist), aber auch das andere Konzept des »übersozialisierten« Rollenspielers, der alle Rollenerwartungen, die an ihn gerichtet werden, kennt und erfüllt, der gewissenhafte, sozialkompetente Helfertypus (Neuberger, 2002, S. 711).

Es geht im Organisationsalltag nie darum, Mikropolitik zu deklarieren oder aufzudecken, sondern sich in ihr zu behaupten und sie zu nutzen. Mikropolitiker wollen nichts erkennen und noch weniger erkannt werden, sondern etwas erwirken.

Es gibt Bücher, die beschreiben, wie auf dem Feld der Macht und Mikropolitik erfolgreich agiert werden kann. Das berühmteste ist Machiavellis »Fürst« aus dem 16. Jahrhundert (1513/1961). Er sortiert die Mittel zum Erfolg nicht nach gut und böse, sondern nach tauglich und untauglich. Nicht weniger bedeutsam ist das Handorakel des spanischen Philosophen und Jesuiten Baltasar Gracián (1647/2005) aus dem 17. Jahrhundert, das von Arthur Schopenhauer ins Deutsche übertragen wurde. Gracián beschäftigte sich mit dem Menschen und den Maßstäben für sein Verhalten. Er wollte seinen Lesern Klugheit vermitteln und zwar illusionslose. Die gegenwartsnäheren Vertreter der Gattung »Machtbuch« trivialisieren etwas mehr und lauter, zum Beispiel Robert Greene mit seinen 48 Gesetzen der Macht (Greene, 2003). Er und viele andere Ratgeber versprechen, dass ihre Sammlung von mehr oder minder manipulativen Tipps und Tricks aus dem Arsenal der Machtspiele dazu befähigt, diese für sich zu entscheiden.

Aber solche Tricks sind alle nicht gut beleumundet. Als »Machiavellist« wird bezeichnet, wer brutal seine Macht durchsetzt, koste es was es wolle. Wer sich mikropolitischer Techniken bedient, ist zu dieser Sorte Mensch zu rechnen. Man wirft ihm oder ihr Kungelei vor, Manipulation, abgekartetes Spiel, Egoismus, Hinterlist, unmoralisches

Verhalten etc. Dabei hat Machiavelli selbst seinen Fürsten aufs Allgemeinwohl verpflichtet. Das wird gern unterschlagen.

Auch das oben genannte Beispiel »Na gut, weil du's bist ...« gilt in der Regel eher als Beleg für ein gutes Arbeitsverhältnis, für gegenseitiges Vertrauen, für Hilfsbereitschaft und Engagement. Scheinbar gilt: Mit Mikropolitik hat das natürlich nichts zu tun! Denn Mikropolitik betreiben selbstverständlich immer nur die andern, die es nötig haben, weil ihnen Argumente, Leistung oder Charakter fehlen. Man selbst geht den rechten Weg. Und wenn man scheitert, sind die mikropolitischen Machenschaften der anderen schuld.

Man kann nicht nicht Mikropolitik betreiben

Die Begriffe »Mikropolitik« und »Macht« sind also umgangssprachlich negativ konnotiert. Sie werden schnell auf illegale und illegitime opportunistische Machenschaften reduziert, von denen man und frau sich besser distanziert. Besser beleumundet in den Fluren der Unternehmen sind dagegen die Vokabeln: »Einfluss«, »Verantwortung«, »Handlungsfähigkeit«, »Proaktivität«, »Einsatz« und »Engagement«.

Dies alles gilt es immer, zu steigern. Jede Übernahme einer neuen, erweiterten Funktion wird als Verantwortungszuwachs bezeichnet, man freut sich über das Vertrauen, das einem entgegengebracht wird (nicht etwa über den Machtzuwachs).

Ungeachtet des schlechten Leumunds ist es aber gar nicht anders möglich, als Mikropolitik zu betreiben, denn im Kern geht es darum, etwas zu erreichen: die Herstellung intendierter Ergebnisse (Russell). In der Regel sind das die Ziele, die vereinbart wurden; die Ergebnisse, für die man zuständig ist; die Produkte, die geplant sind. Dazu braucht es den Einfluss auf viele andere. Und um diesen zu erlangen oder zu vergrößern, nutzen die Akteure die bestmöglichen Wege. Sie treffen dabei auf die Ziele und Vorhaben anderer (Subsysteme). In tagtäglicher Konkurrenz um Aufmerksamkeit und Ressourcen ist es unabdingbar, für die eigenen Interessen und Ziele aktiv einzutreten.

Das bedeutet: Alle befinden sich nahezu ständig im gegenseitigen Beeinflussungsmodus. Kommunikation in der Organisation ist nie einfach eine Datenweitergabe (wiewohl oft so missverstanden), sondern will/muss immer etwas erreichen. Das gelingt mehr oder minder oder eben auch nicht. Kontakt und Begegnungen sind durchgehend interessengeleitet, sie dienen den Vorhaben, für das jemand verantwortlich ist. Sonst gäbe es keinen Grund, sich zu treffen.

Das moderne Arbeitsverständnis verlangt Eigeninitiative und Verantwortungsübernahme. In kaum einer Branche zählt noch der Dienst nach Vorschrift. Ziele, ob vereinbart oder impliziert, sollen erreicht werden. Der Weg dahin bleibt aus guten Gründen – und mit viel postuliertem und erwünschtem Attraktionspotenzial für die Beschäftigten – dem Einzelnen überlassen. Innerhalb eines Rahmens (vgl. die Spielregeln, Unterkapitel 4.3) darf und muss sie und er selbst entscheiden, wie sie das Ergebnis erzielen. Dafür werden große Anstrengungen unternommen und ganz eigene Ideen und Fertigkeiten frei- und eingesetzt, die ein noch so guter Chef, eine noch so intelligente Vorgesetzte nie per Anweisung einzufordern in der Lage wäre. Das permanente Bemühen der Akteure, ihre Vorhaben zu realisieren, die organisational vorgegebenen wie die individuellen, »setzt bei allen Beteiligten Initiative, Kreativität, lokale Expertise und Beziehungsarbeit frei und erschließt damit Effizienz- und Effektivitätspotenziale, die bei ›Dienst nach Vorschrift‹ blockiert blieben« (Neuberger, 2002, S. 728).

Es gilt also: Eine Abteilungsleiterin, die nicht ihre Interessen gegenüber Ansprüchen konkurrierender Einheiten vertritt – und durchzusetzen in der Lage ist! – macht ihren Job schlecht. Es ist nicht nur erlaubt, sondern ihre und eines jeden Pflicht, den eigenen Einfluss maximal geltend zu machen.

Dazu benötigt man mikropolitische Kompetenz. Denn diese »beinhaltet alles, was Organisationsmitglieder über ihre fachliche Qualifikation hinaus dazu befähigt, in ihrer Organisation erfolgreich im eigenen Sinn agieren zu können«, wie Daniela Rastetter und Christiane Jüngling (2018, S. 50) in ihrer kompakten Darstellung über Mikropolitik und Gender formulieren.

Die Entwicklung dieser Fähigkeiten ist keine Option, die man oder frau auch ablehnen könnte, sondern schlicht Pflicht.

Firmen stimulieren diese Praxis durch vielerlei Maßnahmen:
- erfolgsabhängig bezahlen;
- Mitarbeiter-Unternehmertum propagieren;
- Aufgaben von der Linie in Projekte oder sog. Taskforces überführen, um neue Wege zu finden und schneller Erfolge zu generieren:
- Empowerment und Netzwerkaktivitäten fördern;
- Konkurrenzprojekte aufsetzen, um zu sehen, welches die besseren Lösungen findet;
- Ressourcen verknappen;
- Entscheidungen und Risiken in die unteren Ebenen verlagern, ohne die erforderlichen Befugnisse;
- das Prinzip: »Es interessieren nicht die Probleme, sondern die Lösungen«.

Jede dieser Initiativen soll dem Unternehmenserfolg dienen – und führt so notwendig wie gewollt zu einer Steigerung mikropolitischer Techniken.

Ohne das weithin anerkannte Postulat »Die Grenzen immer weiter Richtung Effizienz verschieben!« und die daraus resultierende Praxis wären jene speziellen Argumentationslinien der oberen Hierarchie, von diesem oder jenem Fehlverhalten keinerlei Kenntnis besessen zu haben, gar nicht denkbar. (Der Dieselskandal lässt grüßen!)

Wer von jeglicher mikropolitischen Betätigung verschont bleiben möchte, müsste die alte Bürokratie suchen, in der noch galt: »Bitte hinten anstellen!« oder: »Dafür bin ich nicht zuständig«. Davon abgesehen, dass es diese Betriebssorte selbst in bürokratielastigen Institutionen in Reinform gar nicht mehr gibt, sind es die Beschäftigten selbst, die zu einem überwiegenden Teil dieses initiativlose und stupide Modell der Arbeitsableistung für sich ablehnen.

Ungewissheitsbereiche und Handlungslust

Nicht erst seit der viel beschriebenen Komplexitätsexplosion in den zeitgenössischen Arbeitskontexten, sondern seit jeher gilt: Unübersichtlichkeit ist ein konstitutives Merkmal von Organisationen. Niemals *kann* alles en détail beschrieben und geregelt werden, und aus Gründen der Flexibilität *soll* auch nicht alles ausdefiniert werden. Das schafft die Bedingungen, die mikropolitisches Handeln erfordert und nutzt. Wie Willi Küpper und Anke Felsch folgerichtig formulieren, ist Mikropolitik mitnichten ein semidubioses Sammelsurium von Tipps und Tricks zum eigenen Vorteil, sondern »ein organisationstheoretisches Konzept [...], das konsequent von der Perspektive Interessen verfolgender Akteure ausgeht, um das Organisationsgeschehen als Gesamtheit von Struktur und Handlung verknüpfender Prozesse zu erklären. [...] In diesen Prozessen erzeugen, nutzen und sichern Akteure organisationale Ungewissheitsbereiche als Machtquellen, um ihre Autonomiezonen aufrecht zu erhalten bzw. zu erweitern; zugleich wird hierdurch kollektives Handeln ermöglicht und reguliert« (Küpper u. Felsch, 2000, S. 152).

Mikropolitisch sind all jene vielstimmig ertönenden Appelle, doch endlich Prozesse klar zu definieren und einzuhalten, wohlfeil. Faktisch ist das ohnehin gar nicht möglich, sondern es geht immer nur um ein »mehr oder weniger«. Aber jedes Mehr an Prozesssicherheit bedeutet ein Weniger an Handlungsspielraum. Das kommt einem das eine Mal zufällig entgegen, das andere Mal nutzt der- und dieselbe die unklare Regelung gerne bewusst aus oder stellt die Unsicherheit selbst her, um sein Vorhaben voranzubringen. Von der Überforderung, in Großkonzernen alle teils widersprüchlichen oder asynchronen Regelungen überhaupt nur zu kennen, geschweige denn korrekt anzuwenden, ganz abgesehen.

Die Handlungsnotwendigkeit – wie auch die Handlungslust –, den »Laden am Laufen zu halten«, bilden den zentralen Ausgangspunkt, sich mikropolitisch zu betätigen. Nicht alles, was de jure oder de facto getan werden soll, ist durch Autorität abgesichert oder durch

Expertise gedeckt, sondern erfordert tätige Einflussnahme – wie auch immer.

Nils Brunsson (1989) hat das »magische Dreieck« aus Entscheiden, Reden und Handeln scharf analysiert (siehe Abbildung 3).

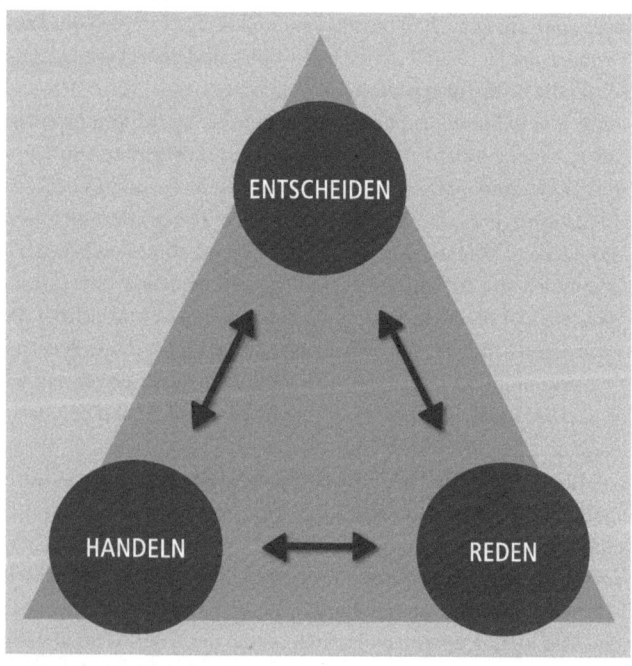

Abbildung 3: Das magische Dreieck aus Entscheiden/Reden/Handeln nach Nils Brunsson

Danach gibt es mitnichten eine stimmige, in sich logische Abfolge dieser Aktivitäten, z. B. (1.) die Entscheidung für eine Maßnahme, gefolgt von (2.) der Kommunikation dieser Entscheidung und (3.) dem Handeln, der anschließenden Umsetzung der Maßnahme. Sondern jede Ecke kann Ursprung *oder* Folge der anderen sein. So können z. B.

durch einseitiges Handeln (1.) nicht umkehrbare Fakten geschaffen worden sein, die eine nachträgliche Entscheidung dafür (2.) quasi aufnötigen, welche dann irgendwie legitimiert werden muss (3.). Es kann aber auch sein, dass etwas besprochen wird (1.), um damit (2.) eine Entscheidung zu simulieren, auf dass (3.) genau *nicht* gehandelt wird, dies aber erst einmal nicht offenkundig wird.

In Vorstandsprotokollen stehen manche »Entscheidungen«, die nie ausgeführt wurden, sondern nur als »Beschluss« aufgenommen wurden, damit an dieser Front Beruhigung eintritt und sich deren Befürworter, die viel und gut argumentiert (geredet) hatten, für eine Weile in der trügerischen Sicherheit des Erfolges wiegen. Für die Durchsetzung der »Entscheidung«, das Handeln, war dann plötzlich niemand mehr erreichbar …

Im Einzelnen ist die jeweilige Intention der mikropolitisch Aktiven durchaus rational. Im Verbund mit zig weiteren Akteuren und ihren Interventionen entstehen dabei notwendig sachlogische Irrationalitäten und ein teils absurdes, meist kontraproduktives Durcheinander, unter denen jede und jeder immer auch wieder leidet. Die Kosten, die ein Unternehmen dafür zahlt, stehen den oben beschriebenen Effizienzpotenzialen gegenüber. Die Frage heißt aber nicht: Wie verhindern wir Mikropolitik, oder gar: Wer ist der schlimmste Mikropolitiker? Denn es ist nicht nur praktisch, sondern auch theoretisch unausweichlich, (mikro)politisch zu handeln. Nur wer allein und mit sich selbst identisch ist, kennt keine Politik.

Nicht die Tatsache *dass,* sondern die Frage, welche *Arten* der Mikropolitik in einem Unternehmen gang und gäbe sind, führt zu weiterführenden Erkenntnissen. Was nützen die mikropolitischen Manöver? Wem nützen sie? Und was verhindern sie? Sollen oder können bestimmte Dysfunktionalitäten überhaupt zurückgefahren werden, ohne dass auch produktive Muster in Mitleidenschaft gezogen werden?

2.4 Zeitgenössische Arbeitswelten und die Machtfrage

Die bisher beschriebenen Erkenntnisse können als organisationale Konstanten gelten, die so oder ähnlich immer, geradezu überzeitlich wirken. Es gibt aber immer auch konkret-zeitliche, zeitgenössische Faktoren, die das Phänomen Macht in ganz spezifischer Weise prägen und die Machtpraxis neu ordnen. Darum geht es jetzt.

Subjektivierung von Arbeit und die Diffusion von Macht

Die strukturellen und qualitativen »Neuerungen« in der Arbeitswelt sind bereits gut erforscht und beschrieben (Haubl, Hausinger u. Voß, 2013):
- Entgrenzung, räumlich und zeitlich;
- Subjektivierung/Individualisierung;
- Flexibilisierung von Arbeit: örtlich, zeitlich, von Projekt zu Projekt, von Produkt zu Produkt.

Arbeit ist wissensbasierter, interkultureller, informatisierter, mobiler, virtueller, projekthafter geworden. Die aktuellen Aufbauorganisationen mit ihren mehrdimensionalen »Matrix-hoch-n-Strukturen« ebenso wie die Ablaufprozesse mit dem klaren Trend zur Projektierung und (Multi-)Projektsteuerung machen es teilweise unmöglich, zu sagen, wer für was verantwortlich ist – und verantwortlich gemacht werden kann. »Die« Organisation, dieser klassische und Generationen von Beschäftigten prägende Kulminationspunkt von Macht – Stichworte: »die Zentrale«, »die da oben« –, hat mit einem sukzessiven und großflächigen Rückzug aus herkömmlichen Steuerungs- und Fürsorgefunktionen den Handlungs- und Entscheidungsdruck »nach unten« und in die ehemaligen Peripherien, in die globalen Märkte und Regionen vor Ort, verlagert; und die Risiken gleich mit. Insbesondere die Hierarchie als probates Steuerungs- und Ordnungsmittel gerät unter Druck. Und diese Entwicklung ist noch nicht zu Ende. VUKA – das

Akronym für Volatilität, Unsicherheit, Komplexität und Ambiguität – beschreibt nicht nur Trends der Arbeitswelt, sondern der Gesellschaften und gesamtwirtschaftlichen, globalen Umwelten allgemein.

Angesichts dieser neuen, großen Unübersichtlichkeit ist es schwieriger geworden, jemandem oder etwas Macht zuzuschreiben. Es ist nahezu unmöglich, in bestimmten Prozessen ursächlich Verantwortliche zu bestimmen. Ursache und Wirkung verschwimmen. Je subjektiver, flexibler und mobiler die Arbeit wird, desto mehr »verdunstet« im Gegenzug die Macht, so scheint es. Oder wird sie gerade nur neu konfiguriert?

Denn trotz Matrix, Multiprojekten und virtuellen Rund-um-die-Uhr-Geschäften; trotz permanenten Restrukturierungen und dauerndem »Change-Alarm« noch in den letzten Refugien der Labore und Schreibkammern, die bisher noch nicht in Lounge-Landschaften verwandelt wurden: Komplexität, Geschwindigkeit und Spezifika aktueller Geschäftsmodelle bringen die bisherigen Organisationsmuster – also die etablierten Machtkonstellationen und Entscheidungswege, auch mit allen ihren Reformationsversuchen – an den Rand ihrer Leistungsfähigkeit. Und die Beschäftigten an den Rand der Belastbarkeit. Nicht nur immer mehr Einzelne, sondern ganze Betriebe taumeln in die »Korrosionszone«. Change-Müdigkeit, Trägheit der Entscheidungsprozesse, Zynismus, Burn-out, Wachstums- und Innovationsschwäche greifen um sich. Wo Machtstrukturen keinen Tempovorteil mehr bringen und die Komplexität nicht mehr angemessen reduzieren, müssen bessere, funktionalere Strukturen gesucht werden.

Wunderwaffe Agilität und die Verschiebung von Macht

Die agilen Prinzipien und Anwendungsformen sind eine erste tiefgreifende und umfassende Antwort auf die zunehmend ungenügenden Organisationsformen. Im »Agilen Manifest« von 2001 wird postuliert:
- Individuen und Interaktionen sind wieder wichtiger als Prozesse und Tools.

- Funktionsfähige Produkte sind wichtiger als ewig lange Dokumentationen.
- Die Zusammenarbeit mit dem Kunden ist wichtiger als wasserdichte Verträge.
- Die Reaktion auf Veränderungen ist wichtiger als das sture Verfolgen eines Plans.

Die agilen Prinzipien und etliche ihrer methodischen Ausläufer wurden im Softwarebereich entwickelt. Weil stures, abgekoppeltes Planen von A bis Z im »Programmiertunnel« (Wasserfallmodell: Analyse, Konzeptentwicklung, Implementierung, fertig) immer öfter dazu führte, dass die Implementierung beim Kunden vor Ort nicht klappte, wie sie sollte, geht es nun um eine neue Art des gemeinsamen Arbeitens; um Haltungen, Überzeugungen und Denklogiken, die einfacher, funktionaler und transparenter sind. Im Vordergrund stehen die Selbstorganisation wechselnder Teams und ihre situative Fachkompetenz und Führung.

Wichtige Prinzipien dabei sind:
- Adaption: fähig sein, sich an Veränderungen anzupassen;
- Business-Value: kein »Nice-to-have« sondern nur, was notwendig ist;
- Active-User-Involvement: aktive Einbeziehung der Kunden in die Entwicklung;
- Accepted-Responsability: verantwortlich und fokussiert verfolgen, was man als *sinnvoll* akzeptiert;
- Visionalizing: Arbeit wieder sichtbar machen;
- Baby-Steps: iteratives Arbeiten, schrittweise Annäherung an das Ziel;
- Empowered-Team: hat alles, um selbst zeitnah entscheiden zu können;
- Flow: Balance zwischen Über- und Unterforderung (Shared-Zone-Verkehr);
- Seeing-the-whole: Beitrag zum Gesamtnutzen vs. »Silodenken«;
- Inspection: stetiger Abgleich mit der Realität, Lernen aus Fehlern.

Etwas Staunenswertes und Entscheidendes ist hier geschehen: Gerade die Softwarebranche, der man gerne ihr digital schwarz-weißes Weltbild vorhält hat die systemische Lernschleife in die technisch-digitale Wirtschaftswelt gebracht. Nämlich: Ausprobieren – beobachten – reflektieren – lernen!

Damit sind auch relevante und signifikante Machtverschiebungen in Gang gekommen:
- Die Macht bewegt sich jedenfalls wieder in Richtung Fachteam, also in Richtung Sachebene. Dort an der Basis, wo die Lösungen gefunden werden müssen, sollen auch die Entscheidungen getroffen werden können – zeitnah und ohne 15 Gremien und Hierarchien berücksichtigen zu müssen.
- Macht bewegt sich von der Linien- und Projekt*leitung* hin zur kompetenten Prozess*moderation*. Als beispielhaft gilt die neue Rolle des »Scrum Masters« (»Scrum« ist »Gedränge«), der keine Disziplinarfunktion innehat, sich dezidiert um Konflikte, Störungen, Kooperationsprobleme im Team und während der Entwicklungsarbeit kümmert und diese prozess- und personenkompetent moderiert, nicht wegentscheidet.
- Die Entscheidungsfindung geschieht kollektiv, nicht mehr individualisiert.
- Sie ist keineswegs von Dauer, sondern muss jeweils neu bestimmt werden.
- Formen der Selbstorganisation etablieren sich neben oder statt den oder geduldet von bisherigen Machtstrukturen. Frei nach dem Bonmot: »Früher führte *ich* das Unternehmen, dann führten *wir* es, nun führt es sich *selbst*.«

Drei für die Statik der Arbeitswelt zentrale Beziehungs-, also auch Machtbalancen verändern sich dramatisch:
- Ausgangspunkt ist erstens das veränderte Verhältnis von Organisation und *Kunde:* Hier ist teilweise eine Art Schubumkehr im Prozess zu konstatieren: Bisher bestellt der Kunde, und die Firma produziert und liefert. Nun muss und wird die Firma bereits *vor* dem Kunden

wissen, was dieser kaufen wird – und produziert und liefert eben dieses schon mal (siehe das Pizza-Beispiel unten). In den modernen Wertschöpfungsketten ist es nicht nur möglich, sondern mehr und mehr die Regel, dass jeder Lieferant und Kunde zugleich ist.
- Zweitens verändern sich durch agile Neuordnungen die innerorganisationalen Balancen zwischen Subsystem und *Subsystem* erheblich: Entscheidungskompetenzen, Führungsfragen, Zuständigkeiten sortieren sich neu. Es geht um eine Befähigung zur Selbststeuerung, um größere Transparenz und mehr Austausch, um flexible (das bedeutet instabile) Rollenmodelle und um Gemeinschafts- statt Individualziele. Stabile Koordinaten lösen sich auf und fallen weg: »[A]uch der letzte Rest organisationaler Verbindlichkeit [wird] zur strategischen Variable« (Baecker, 2018, S. 175).
- Drittens verändert sich die Balance zwischen Organisation und *Beschäftigten*: Zutrauen *und* Zumutungen werden größer. Das »agile Mindset« wird zum Kern jedes Kompetenzprofils. Es zeichnet sich ab, dass es nochmals zu einer Verschärfung der Subjektivierung kommt, dass Entscheidungen und Risiken in Richtung Einzelner und kleiner Gruppen verlagert werden – und die Absicherung fragil bleibt.

Insgesamt scheinen diese Veränderungsansätze tiefer zu gehen als die bisherigen Überlebens- und Selbstregulationsversuche der modernen Hierarchien. Selbstverständlich bedeuten solche Anpassungsversuche an die komplexe, volatile Außenwelt der Märkte eine strukturelle Überforderung für Organisationen und die Menschen darin. Der Appell »Heiße Anforderungsänderungen selbst spät in der Entwicklung willkommen!« aus dem Agilen Manifest ist und bleibt eine Zumutung.

Wiewohl die neuen Arbeitsweisen durchaus ihre je eigene Binnenstruktur und -ordnung zur Verfügung stellen (Scrum ist sehr durchreguliert), ist die Gesamtsituation gekennzeichnet von einer großen Ungleichzeitigkeit, von vielfältigen Experimenten – aus der Not oder der Initiativlust geboren – und einer im Einzelnen noch völlig offenen Verhältnisbestimmung zwischen neuen und klassischen Arbeitsformen, zwischen alten und neuen Rollenträgerinnen. Das ergibt eine unübersichtliche Dynamik, in der Machtverhältnisse neu und offen wie nie verhandelt werden. Der Diskurs wird mancherorts nahezu ideologisch geführt: Die einen huldigen der Kooperation als »Grundprinzip agiler Organisationen« (Bauer, 2017), andere bezichtigen das Konzept der Naivität und Machtvergessenheit und stellen es als besonders perfiden und undemokratischen Ansatz in eine Reihe mit den Kontrollinstanzen seit Taylor und Ford (Brinkmann, 2018; S. 238).

In der Tat säumen Missverständnisse den Weg:
- Agilität als Synonym für »noch schneller«, »noch mehr«, »noch verrückter«.
- Agilität aber auch als Heilskonzept nicht nur für Unternehmen, sondern gleich für die ganze Welt.
- Technizistische Tool-Gläubigkeit: Design-Thinking macht alle kreativ und glücklich.
- Selbstorganisation ist immer nur »Selbst«, aber null »Organisation« oder umgekehrt.
- Selbstorganisation als Hort konkurrenzloser Harmonie und Kreativität, in dem alle organisationalen Grundkonflikte überwunden sind.
- Nicht zuletzt: die Überwindung von Macht.

Die Heftigkeit des Diskurses deutet auf eine real stattfindende Machtverschiebung hin, bei der einige etwas zu verlieren haben und viele nicht mehr mitkommen. Die Heilsversprechen einerseits und der gegnerische Vorwurf von Naivität *gleichzeitig* mit der Verteufelung ist eine Kombination, die immer auftaucht bei Machtkämpfen in neuen gesellschaftlichen Bewegungen. Auch feministische und grüne Bewegungen wurden anfänglich gleichzeitig als lächerlich *und* gefährlich verunglimpft. Auch ihre Heilshoffnungen haben sich nicht einfach erfüllt, aber sie haben große gesellschaftliche Wirkkraft entfaltet und etablierte Machtbalancen nachhaltig infrage gestellt.

Ein weiteres Phänomen soll noch angesprochen werden: Der gefühlte Verlust an Sinn, der sich eher still als prominent in vielen

Unternehmen und angesichts weltwirtschaftlicher Aussichten breitmacht.

Sinn meint hier nicht den Sinn des Lebens, den sollte niemand ausschließlich in seiner Arbeit suchen. Sinn meint hier schlicht das Verständnis von und vor allem das Einverständnis *mit* der Art und Weise und dem *Wozu* des eigenen Arbeitens – und dem des gesamten Unternehmens. Ferdinand Laloux hat mit seinem Leitfaden sinnstiftender Formen der Zusammenarbeit (Laloux, 2015) diese Sinnlücke prominent offengelegt. Ob man nun bezogen auf seinen Ansatz zu den Gläubigen oder den Skeptikern zählt – was sich aus machttheoretischer Sicht sagen lässt, ist auf jeden Fall: Wenn die Verständigung auf eine und die Identifikation mit einer gemeinsamen Idee eine große Macht darstellt, dann schafft die sinkende Zustimmung (zu unserer Form des Arbeitens und Wirtschaftens) ein Machtvakuum. Dieses ist noch nicht wieder gefüllt. Die entstehenden Bewegungen versuchen es und eröffnen ein ganz eigenes Hoffnungspotenzial.

Aller Unübersichtlichkeit, allen Überforderungssyndromen und allen Spöttern zum Trotz, die nur alten Wein im neuen Schlauch sehen (wollen), lautet die Frage: Welche Alternativen zu diesen z. T. mit erheblichen persönlichen und organisationalen Risiken verbundenen Experimenten in der Neuordnung von Machtverhältnissen und Entscheidungswegen gibt es?

Algorithmen und die neuen Infrastrukturen der Macht

Wo Agilitätskonzepte die aktuellen *Führungs- und Kooperationsfragen* der zeitgenössischen Organisation thematisieren, kennzeichnet die digitale Entwicklung den *technologischen* Aspekt der zeitgenössischen Arbeitswelt – mit wuchtigen, nicht mehr nur technischen Folgen. Ein nicht unerheblicher und schnell steigender Prozentsatz von Sachbearbeitungsanfragen wird in den Unternehmen bereits »dunkel verarbeitet«, d. h., Algorithmen berechnen, sortieren, prüfen die Angelegenheit und generieren die Antwort.

Diese Automatisierung gehört noch zu den harmloseren Entwicklungen, wiewohl es sich anfangs noch komisch anfühlt, sich mit einem Computer zu unterhalten, wenn man die Serviceabteilung eines Unternehmens anruft.

Die oft genannte Machtfülle der Unternehmen im Silicon Valley ist von anderem Kaliber als die Automatisierungstendenzen in Organisationen. Sie besteht nicht in der ökonomischen Stärke der Unternehmen – viele schreiben immer noch rote Zahlen – sondern in der »digitalen Landnahme« (Han, 2005, S. 121) bzw. Landerschließung. Sascha Lobo (Lobo, 2018) konstatiert, dass Facebook und Co. keine sozialen Netzwerke (mehr) sind, noch nicht einmal in erster Linie Werbeplattformen und erst recht keine Communities – eine Milliarden zählende Nutzerschar ist keine Community mehr –, sondern globale *Infrastrukturen*, auf die viele weltweit und auf sehr unterschiedliche Weise angewiesen sind und auf absehbare Zeit bleiben werden. Damit sind sie »too big to fail«. Im nicht-digitalen Bereich kennen wir die zentrale Bedeutung von Autobahnnetzen, Medien- und Kommunikationsnetzen, Bildungs- und Gesundheitsinfrastrukturen und wissen, was es heißt, Steuerungsmöglichkeiten über diese Strukturen zu haben.

Für Unternehmen wird es zur Schicksalsfrage, ob sie sich ihre Daten gratis wegnehmen lassen müssen oder ob sie es schaffen, selbst eine Plattform zu werden – und damit zum Datenverwerter. Die neue Steuerungsmöglichkeit über Metadaten, das »Social Engineering«, verbindet Effizienz-, Sicherheits- und Entwicklungsthemen, vorwiegend der KI, miteinander. Der Medientheoretiker Matteo Pasquinelli sieht durch diese Daten »Landschaften des Wissens« (Lobe, 2018) entstehen, in denen nicht die privaten Informationen Einzelner von Interesse sind, sondern die Möglichkeit, Tendenzen von Massen zu bestimmen. Ob in Betrieben oder Gesellschaften: Unser auf der Aufklärung basierendes Menschenbild sieht den Menschen als frei in seiner Entscheidung an – nach Gebrauch seiner Vernunft. Das kybernetische Menschenbild geht davon aus, dass alle menschlichen Denk- und Gefühlsfunktionen bestimmten Gesetzmäßigkeiten unterliegen, die rational grundsätzlich zugänglich sind. Metadaten machen menschliches Verhalten algorithmisierbar und damit vorhersagbar. So kann im »Social Engineering« berechnet werden, wohin sich eine Menge bewegt. Die chinesische Suchmaschine »Baidu« kann vorhersagen, wo sich in drei Stunden eine Menschenansammlung bildet. Zusammen mit diversen Manipulationstechniken ist Verhalten damit auch steuerbar. Kunden, Bürger, Reisende, Beschäftigte, Initiativen werden berechnet und dadurch beherrschbar (Lobo, 2018, S. 10).

Der Pizzabote weiß heute, dass ein Kunde/User des Öfteren freitagabends eine »Quattro Stagioni« bestellt hat, und bringt sie diesem nächsten Freitag schon vor dessen Bestellung vorbei. Und wenn sie schon mal da ist, und es so nach »Quattro Stagioni« duftet …

Dieses nur scheinbar harmlose Beispiel zeigt noch einmal die »Schubumkehr« im Verhältnis Organisation/Kunde und das neue Diktum, Optionen zu kreieren und Geschäftsmodelle aufgrund von Chancen und Wahrscheinlichkeitsberechnungen zu entwickeln.

Für die Machtthematik relevant sind einerseits die weiteren Entwicklungen des Daten-*Extraktivismus*, also alle Versuche, so viele Daten wie möglich aus den unterschiedlichsten Geschäftsvorgängen zu »extrahieren«, um dann über Künstliche Intelligenz relevante Lösungen im Bereich Gesundheit, Verkehr etc. zu generieren und zu verkaufen. Dem gegenüber stehen die Forderungen nach einem besseren Daten-*Distributismus,* das meint die Idee, dass der Rohstoffbesitz des 21. Jahrhunderts, Daten, anders verteilt werden muss: als Privateigentum sagen die einen, eher wirtschaftsliberal orientierten; als Staatseigentum sagen die anderen, so wie z. B. bereits die Rechte von Pharmaunternehmen an ihrem Eigentum, ihren Patenten, begrenzt sind, damit die Daten mit der ganzen Gesellschaft geteilt werden können.

In jedem Fall sind damit ökonomisch und gesellschaftlich zentrale Machtfragen gestellt, aber noch nicht entschieden.

»Chance« und »Option« statt »Wahrheit« und »Konsens«

Zusammengefasst:
- Die Ausdifferenzierungen der Betriebsstrukturen haben zu enorm komplexen Aufbau- und Ablauforganisationen geführt, in der ursächliche Verantwortung immer weniger identifiziert werden kann: Macht diffundiert. Gleichzeitig erfüllen diese Hyperstrukturen immer weniger die notwendigen organisationalen Entlastungsfunktionen: Strukturelle Unübersichtlichkeit, mangelnde Flexibilität und individuelle Überforderung verlangen nach neuen Lösungen.
- Agilitätskonzepte versprechen Abhilfe durch neue Prinzipien, neue Rollen, neue Zuständigkeiten und Methoden. Sie verändern dadurch traditionelle Machtgefüge.
- Die technologischen Möglichkeiten der Digitalisierung sind nicht trivial; Plattformen kreieren, ordnen und verlinken das Machtreservoir quasi unendlicher Datenvolumen: Wer diese besitzt, kann jede beliebige Fragestellung algorithmisieren. Berechnung ist Wissen ist Macht.

Ideell sind mit diesen Entwicklungen – innerbetrieblich und gesamtgesellschaftlich – zwei große traditionsreiche Legitimationsprinzipien ins Wanken geraten, auf denen Macht und Entscheidung, de jure und oft auch de facto, beruhten: »Wahrheit« und »Konsens«:
- *Wahrheit* fußt auf Zahlen, Daten, Fakten, auch wenn sie bisweilen kreativ im Sinne der eigenen Interessen arrangiert werden. Wahr hieß: Es funktioniert, es rechnet sich, es stimmt.
- *Konsens* meint: Es ist abgestimmt, durch die Gremien gegangen, ausverhandelt mit den betrieblichen oder politischen Interessengruppen, demokratisch legitimiert oder abgesegnet von den relevanten Stakeholdern, vereinbart, versprochen oder kontraktiert.

Beide Prinzipien brauchen Zeit. Beide verlieren an Bedeutung.
Die Programmierung von Algorithmen und die daraus abgeleiteten Optionen funktionieren schneller und anders. »Chance«, »Expe-

riment« und »Option« heißen die neuen Leitmotive bzw. »Kalkül«, wie es Dirk Baecker in seiner brillanten Deutung der digitalen Metamorphose »4.0« (Baecker, 2018, S. 26) formuliert.

Unternehmen versuchen mit ihren agilen Plattformen, diese volatilen Geschäftsoptionen und Marktbewegungen in neue Arbeits- und Organisationsformen umzusetzen. Das ist gravierend und noch lange nicht verstanden oder »verdaut«.

3 Macht und Beratung – ein Plädoyer

Beratung und Macht – das ist eine heiße und ambivalente Kombination. Das verbreitete Bild zeigt einen mächtigen Manager, aber ohne Bücher (und ohne Zeit für Reflexion) – und einen klugen Berater, aber ohne Prokura und auch ganz ohne Machtansprüche. Unter Berater verstehen wir hier im supervisorischen Sinne Prozessberater, die mit reflexiven Elementen des Erkennens arbeiten. Berater erhöhen die Erkenntnis – das Machen überlassen sie den Machern, dem Management. Diese tendenziell richtige Rollenzuschreibung ist aber nicht trivial. Berater geben sich überparteilich und verstehen sich oft machtasketisch bzw. machtabstinent. Genau das dürfen gute Berater aber nicht sein!

Zwei Sphären: Wissen und machen

Wer zur Handlungslust neigt, arbeitet in Unternehmen oder gründet eins. Wessen Leidenschaft der Erkenntnisgewinn ist, strebt eine wissenschaftliche Laufbahn an. Das Verhältnis Wissenschaft und Management ist gekennzeichnet von dieser Grundspannung: Wissen, Erkenntnis und Forschungsverfahren auf der einen Seite – Gestaltung, Handlungs- und Wirkungsmacht auf der anderen. Sie stehen kategorial komplementär zueinander: Die einen haben und dürfen, was die anderen nicht können und vermissen.

Primat des Denkens – Primat der Tat, Forschung sucht – Management gestaltet. Forschung untersucht Wirklichkeit – Unternehmertum schafft Wirklichkeit. Beforschen lässt sich nur Gegenwärtiges und Vergangenes (und seien es Fantasien über Zukünftiges oder Utopien – aber sie *sind* irgendwo, sonst kann über sie nicht geforscht und nichts herausgefunden werden). Wissenschaft befragt das *Ist*. Management entwirft und baut das *Soll*. Eine Konzeption ist ein kreativer (Ent-)Wurf für Zukunft, kein Forschungsergebnis; eine wissenschaftliche Veröffentlichung ist noch kein Businessplan. Erkenntnis steht der Umsetzung vis-à-vis: die Wissenschaftslogik der Unternehmenslogik.

Professionalität, präzise Untersuchungsmethoden, signifikante, dokumentierbare Verknüpfungen – nicht zu vergessen die korrekte Zitation – prägen wissenschaftliches Arbeiten und Selbstverständnis. Management ist dagegen die Kunst des rustikalen Durchwurstelns; der Erfolg adelt die Mittel. Forschung klärt auf, erhöht die Komplexität, erweitert Perspektiven – Management muss sie reduzieren; notfalls mit Tunnelblick auf das alleinig fokussierte Ziel.

Gegenseitige Vorurteile und Abwertungen sind zu hören: »Zu viele wissen es besser, tun es aber nicht, sonst würden sie staunen, wie wenig sie können!«, und umgekehrt: »In Ermangelung eines Planes verdoppeln sie schon mal ihre Geschwindigkeit ...«

Ebenso aber auch gegenseitiges Hofieren: Ein Unternehmen, das mit Hochschulen kooperiert, gewinnt an Reputation und Argumentationsmaterial; die Hochschule, die auf ihre Forschungsfelder in der Wirtschaft verweist, gewinnt an Relevanz und Geld.

Was hat die Macht mit alldem zu tun? Macht ist untrennbar mit dem Prozess von *Handlung* verbunden, es ist eine Form handelnder Einwirkung auf andere. »Sie produziert Dinge, verursacht Lust, bringt Wissen hervor und schafft Diskurse« (Foucault, 1978, S. 35). Macht ist selbstredend ein Motor in Hochschulen wie in Unternehmen, insofern es sich ja jeweils um Organisationen handelt. Dennoch ist Macht der *Sphäre* des Handelns, also der Unternehmung näher als der der Wissenschaft, sie ist für die Gestaltung wichtiger als für die Erkenntnis. Wer Macht und Einfluss sucht, will nicht Recht *haben*, sondern Recht *bekommen*. Mächtiger ist, wer Recht spricht, als wer Recht kennt.

Die Forscherin: »*Ich sage, was ist.*«
Der CEO: »*Was ich sage, ist.*«

Beraten heißt forschen heißt aufdecken

Die prozessorientierte Beratung ist dem Forschen sehr ähnlich. Sie weitet Perspektiven (»Mit dem Dritten sieht man besser«: Busse u. Tietel, 2018), sucht Zusammenhänge und versucht zu verstehen. Die Beraterin muss generell aus fragmentarischen Informationen, subjektiven Problemschilderungen und »blühenden« Hypothesen, wo Ursache und Lösungen zu finden seien, und meist inmitten von großem Handlungs- und Leidensdruck aufseiten der Kunden, mit diesen zusammen herausfinden, »wo der Hase im Pfeffer liegt«. Das ist ein Such- und Lernprozess. Berater bereiten dazu professionelle, seriöse Versuchsanordnungen vor (und sie können ihre Methodenwahl erklären), in denen sich Muster zeigen und Erkenntnisse gewonnen werden können. Sie versuchen, Licht in Angelegenheiten zu bringen und undurchsichtige Gemengelagen zu klären und zu ordnen.

Aber damit steht der Berater immer in Spannung zu jenen Kunden, die wissentlich (oder noch unwissentlich naiv) davon profitieren, dass es diese Ungewissheitsbereiche gibt. Genau darum kommt es zu jenen Abbrüchen und Verwerfungen, wenn, wiewohl beauftragt, nach klaren Lösungen zu forschen, Berater etwas entdecken, aufdecken, möglicherweise noch coram publico, was sich als Machtminderung erweisen könnte. Insofern ist jeder Beratungsprozess für die Auftraggeber und Beteiligten mit einem hohen Risiko verbunden. Denn es ist ja nicht so, dass eine Aufdeckung von Mustern oder die Erkenntnis von Zusammenhängen und blinden Flecken oder eine Beschneidung von Macht bereits irgendetwas lösen oder verbessern würde.

Hier ist er wieder, der Unterschied zwischen erkennen und bewirken. Die Ergebnisse umfangreicher Interviewphasen sind nicht ohne Weiteres in einer Betriebsversammlung präsentabel. Wenn aber schon einmal Interviews geführt wurden, stellt sich notwendig die Frage: Was tun mit den Ergebnissen? Man muss sich sorgfältig vorher zusammen überlegen, welche Interventionen welche Risiken bergen und auf welche Weise sie nützen oder verärgern, Hoffnungen aufbauen, die dann enttäuscht werden, oder neue Wege eröffnen oder Ähnliches bewirken.

Auch viele andere hilfreiche Ergebnisformate einer guten Beratung – z. B. Rollenklärung, Auftragsklärung, Erwartungsklärung – haben mit Klarheit und Erkenntnisgewinn zu tun. Auch diese gewonnenen Klarheiten können mitunter provokativ, beschämend oder schlicht nutzlos sein. Organisationen und ihre Verantwortlichen wollen und müssen etwas *bewirken*. Was also tun Beraterinnen und Berater mit ihrem enormen Wissen und ihrer Branchenkenntnis? Ist dieses Wissen Macht?

Macht der Berater?

Hier zucken Beraterinnen und Berater gerne zurück. Ihre Vorliebe gilt dem Wissen, dem Konzept, der Methode, nicht der Macht. Nicht selten unterschätzen sie die Machtthematik massiv und versuchen, sie auszusperren. Oft verstärken sie mit ihrem Selbstverständnis und Beratungsansatz noch die Machttabuisierung bzw. den schlechten Ruf, der der Macht vorauseilt.

Meist ist es so: Berater bringen ihre Kenntnisse als *Wissen* um Macht etc. ein, aber nicht als *Praxis* der Macht. Sie wissen um machtpolitische Dynamiken, aber handeln nicht entsprechend. Machtpolitische Überlegungen im Beratungsprozess sind, wenn überhaupt, eher implizit vorhanden. Beratende scheinen oft selbst nichts zu wollen, im Sinne eines eigenen Interesses. Nicht wenige behaupten, machtpolitisch »neutral« zu sein und sich auf die Sachebene zu konzentrieren. Gern wird der Unterschied zu den Organisationsmitgliedern betont, die alle in Interessen verstrickt seien. Und dann wird versucht, *neben* diesen Interessen oder ohne oder gar gegen sie das *eigentliche* Sachanliegen voranzubringen. So geschieht es, dass Professoren (und nicht nur sie) mit wissenschaftlich belegten Thesen und Konzepten als Berater in Betriebe kommen und sich über »betriebliche Macht- und Herrschaftsstrukturen« wundern, auf die sie treffen. Diese Machtstrukturen werden als »Stolperstein«(!) für die Implementierung von Konzepten betrachtet (so Becke, 2013, S. 4), als handele es sich um eine Unebenheit, die auf der sonst fachlich wunderbar geteerten Straße der Erkenntnis nichts zu suchen hat und die man umgehen muss und kann, um voranzukommen. Das verkennt die Situation vollständig: Machtstrukturen sind nicht der Stolperstein auf der Straße, sondern umgekehrt die Straße selbst, auf der der Karren mit den Sachthemen transportiert werden muss. Beraterinnen und Beratern verfügen über »kein ausgeprägtes Sensorium für die zentralen machtpolitischen Aspekte von organisationaler Veränderung« (Muhr, 2007, S. 65; Haubl, 2005, S. 53) und meiden oder verdrängen diese nicht selten.

So verbreitet wie entlarvend ist auch folgende typische Fragestellung zum Thema Macht und Beratung: »In Veränderungsprozessen steht der Berater oft im Verdacht, Partei für den Auftraggeber zu nehmen – wie kann man Vorbehalte von Workshop-Teilnehmenden auffangen«? (von Ameln u. Heintel, 2016, S. 270). Diese Formulierung lässt das dahinterliegende Selbstverständnis schön aufscheinen: Entgegen allen Verdachtsmomenten und Fantasien arbeitet der Berater scheinbar selbstverständlich *nicht* für den Auftraggeber. Aber für wen denn dann? Für sich? Für alle? In wessen Namen, in wessen Auftrag, zu welchem Nutzen? Ist es Naivität oder Tarnung, dass ausgerechnet die Zunft, die sich täglich in Theorie wie Praxis mit Macht und Machtpolitik in Organisationen beschäftigt, sich selbst Machtabstinenz verordnet und bescheinigt? Und die für sich nur Sachorientierung und Neutralität gelten lässt?

Beratung darf und muss etwas wollen

An einem bestimmten Punkt muss sich der Berater und die Beraterin mit dem Ziel des auftraggebenden Managements identifizieren und dieses mit ihm zusammen erreichen *wollen*. Erkenntnisse um Machtzusammenhänge und Mikropolitik sind kein Selbstzweck, sondern diesem Ziel dienend. Ohne diesen Fokus, ohne diese Begrenzung auf das angestrebte Ziel gäbe es ja viel (zu viel) zu analysieren und zu erkennen und womöglich zu besprechen. Die Beraterin *erkennt* vielleicht die Neurosen eines Coachees, sie arbeitet auch *mit* ihnen, aber nicht *an* ihnen, weil das nicht ihr Auftrag ist. In der Organisationsberatung kann die Problematisierung, das Besprechen von diesem oder jenem vom Ziel ablenken und kontraproduktiv wirken. Störungen haben *nicht* immer Vorrang. Sie sind durchaus ernst zu nehmen, aber nicht unbedingt (gar plenar) auszuleuchten und zu besprechen, weil sie so nicht entschärft, sondern möglicherweise verschärft würden. Eine beraterische Bemerkung an der Kaffeetheke kann schon hilfreicher sein, weil geräuschloser.

Hier arbeiten Beratende dezidiert mikropolitisch, und zwar geräuschlos, wie es sich gehört. Ebenso sind viele Workshopvorbereitungen ausführliche mikropolitische Beratungssequenzen für die Führungskraft, mit der zusammen die Agenda entworfen wird.

Also: Beratung trägt machtpolitisch keine weiße Weste. Sie ist gerade nicht neutrale Informantin bestimmter Inhalte (das gilt für Teile der Fachberatung, die sich risikoärmer einbringen können). Sie geht an diesem bestimmten Punkt genauso in ihr Risiko wie das Management in seines – und will etwas erreichen. Dazu nutzt sie Macht, baut Macht auf, will Einfluss nehmen, entwickelt ihre Strategien, um wirksam zu werden. Besser ist es, sich diesen Part des Beratungsprozesses deutlich bewusst und so besprechbar zu halten – statt ihn zu tabuisieren. Es gibt ja diese Phasen im Beratungsprozess, wo eine klare machtpolitische Analyse notwendig ist und z. B. zum Ergebnis kommt, dass das Beratungssystem zu machtlos ist, um seine Ziele zu erreichen. Dann werden daraufhin Maßnahmen und Strategien entwickelt, um dies zu ändern. Oder das Projekt wird wegen absehbarer Erfolglosigkeit geräuschlos vom Radar genommen, statt den Heldentod des »Eigentlich-hatten-wir-recht« zu sterben.

Es ist diese Auftrags-*Annahme*, die Arbeit für das Ziel der Auftraggeberin, die heute wie eh in manchen sich ethisch anspruchsvoll nennenden Beraterkreisen für verdächtig gehalten, wenn nicht sogar abgelehnt wird. Im abschließenden Satz ihres ansonsten exzellenten (Theorie-)Werkes »Macht in Organisationen« vertreten Falko von Ameln und Peter Heintel (2016, S. 271) kühn die These: »Beratung schafft einen Raum, in dem Machtverhältnisse und Machtspiele der Organisation vorübergehend ausgesetzt sind«! Das entspricht der Verdrängung und dem Wunschdenken vieler, dass endlich die Sachlogik wieder zu ihrem Recht kommen und die Machtlogik schweigen möge. Das ist die alte naive Idee, dass es im Arbeitsleben *eigentlich* um die Sache gehen sollte, und Beratung die Welt wieder vom machtpolitisch verdrehten Kopf auf die sachrationalen Füße stellt.

Das ist fachlicher Unsinn und fahrlässige Anmaßung! Die Vorstellung ist absurd, im macht-/luftleeren Raum, die reine Lehre – das was »ist« – sich entfalten zu lassen. Bekannt ist der Aphorismus: »Dass der Inhalt immer wichtiger sei als die Form, glaube ich erst, wenn ich einen Inhalt ohne Form daherkommen sehe.« Der analoge Spruch dazu wäre: »Dass die Wahrheit sich ohne Macht zeigen ließe, glaube ich erst, wenn die Wirklichkeit sich an Laborbedingungen hält. Oder wenn Gott seine nächste Schöpfung als Algorithmus entwirft.«

Die zugesicherte Überparteilichkeit des Beraters meint *nicht* seine machtpolitische Abstinenz. Überparteilichkeit ist keineswegs ein Wert an sich. Jemand kann überparteilich sein und dennoch sinnlos, willkürlich oder sogar schändlich beraten und handeln. Überparteilichkeit muss gebunden sein an ein höheres Prinzip, einen Zweck, der auf einer anderen Ebene liegt als die Einzelinteressen der Beteiligten. Dieser höhere Zweck kann nur das vereinbarte größere Gesamtziel sein. Von diesem aus gesehen entsteht erst die Verpflichtung, sich nicht von Einzelinteressen vereinnahmen zu lassen, sondern im Gegenteil diese zu bewerten (!) und die Perspektiven wichtiger (bisher übergangener) Anspruchsgruppen in den Prozess miteinzubeziehen – also für diese Partei zu ergreifen –, um das Ziel zu erreichen.

Es gibt immer dieses »Um-zu«, diesen Zweck, dieses Interesse – eben auch des Beraters. Und der externe Blick ist nur *einer,* er ist nicht objektiver oder richtiger, sondern es ist der fremde Blick, der anderes sieht und konstruktiv einbringt. Die Vorstellung, die Beraterin sei im Besitz einer neutralen und objektiven Expertenwahrheit, verleitet interne Akteure immer wieder, sie als Schiedsrichterin einzusetzen, um Punkte im internen Machtkampf zu gewinnen. Diese mikropolitische Finte, sich auf die »Wahrheit« der Experten zu berufen, ist auf Unternehmensseite das Pendant zur beraterischen Größenvorstellung, ihr sachorientierter Fokus überwinde »vorübergehend« Machtdynamiken. Beides (ver)führt in die Irre.

Beratung erhöht die Unsicherheit, also die Möglichkeiten für Mikropolitik

Macht wird durch Beratung nicht neutralisiert. Das Gegenteil ist der Fall. Gerade zu Beginn eines Beratungsprozesses sind Machtdynamiken signifikant erhöht, da sich die Unsicherheitszonen tatsächlich ausweiten. Gerade zu Beginn gibt es über das Ob, das Wie und das Wer eines Beratungsauftrages mitunter große Machtkämpfe im Unternehmen. Und der Zuschlag für ein Beratersystem ist oft Resultat dieses Kampfes. Aber das scheint schnell vergessen. Auch neue Chefs erinnern (sich) nur noch an ihre Fachkompetenz, die sie auf die Position gebracht haben, nicht an ihre Machtkompetenz.

Gerade am Beginn der Beratung stehen sich massive Interessen gegenüber, die durch die Beratung und die Beratenden (jeweils!) durchgesetzt, synchronisiert, überwunden, geregelt oder bewertet werden sollen. In umfangreicheren Beratungsprozessen sind es meist mehrere Triaden, die berücksichtigt werden müssen.

Die sogenannte Auftragsklärung am Anfang ist weniger eine Klärung der Sachlage als ein erster Schritt ins (Minen-)Feld. Sie ist durchsetzt von diesen Hoffnungen, Interessen und den noch unsichtbaren und teils auch unbewussten Gemengelagen. Die Zahl der Anleitungen für eine gute, professionelle Auftragsklärung ist umgekehrt proportional zur Vollständigkeit und Transparenz, die sich hier an diesem frühen Punkt des Prozesses erreichen lässt. Die Auftragsklärung dient in allererster Linie dazu, die *Ziele* zu klären, die erreicht werden sollen, das gemeinsame *Wollen* zu umschreiben. Hier ist der Zeitpunkt für die Beraterin und den Berater zu entscheiden, ob sie hinter dem kontraktierten Ziel stehen können oder nicht. Wo das der Fall ist, werden sie beginnen. Sonst nicht.

Aber in der Regel ist das nur selten eine Entweder-oder-Frage, sondern die sogenannte Auftragsklärung ist einfach die erste ausführliche Beratung der Managerin, wie ihre konkreten Problemlagen, der Organisationskontext und ihre inhaltlichen und gestalterischen Vorstellungen in eine akzeptable und prinzipiell realisierbare Zielformulierung zu gießen sind. Die Klärung des konkreten Vorgehens ist demgegenüber noch schwach bzw. nur mit Vorbehalt ausformuliert: Das Terrain ist weiterhin unübersichtlich trotz und wegen detaillierter Geländebeschreibungen, die relevanten Informationen bleiben fragmentarisch, die wichtigen Stakeholder oft noch unsichtbar im Schatten. Es ist Kennzeichen guter und professioneller Beratung, sich in dieser Unsicherheit professionell zu betätigen, Rechenschaft geben zu können über die geplanten Schritte und dann! – peu à peu – im Laufe des Beratungsprozesses durch neue Vereinbarungen und vollzogene Veränderungen wieder Sicherheit und Orientierung zu ermöglichen. So lassen sich auch die machtpolitischen Dynamiken wieder beruhigen und die Sachebene mehr und mehr (wieder) instand setzen bzw. mit Relevanz aufladen. (Nicht immer gelingt das.) Leitplanken, Ausgangs- und Zielpunkt des Ganzen sind aber die erhoffte Problembehebung bzw. entwickelte Zielsetzung des Auftraggebers.

Zieltransparenz und Loyalität

Der Auftraggeber *muss* sich darauf verlassen können, dass der Berater nicht eine eigene »Hidden Agenda« hat (sei es eine pädagogisch-wertvolle, gestalterisch-kreative oder eine finanzielle), sondern für die gemeinsam festgelegte Richtung arbeitet, das Ziel des Auftraggebers versteht und anerkennt. Dies legt den Grundstein für das nötige Vertrauensverhältnis. Hier geht es um Loyalität, durchaus kritische. Denn die Beraterin wird auch die auftauchenden widersprüchlichen Interessen und Nebenziele des Auftraggebers im geschützten bilateralen Gespräch mit ihm thematisieren, wo immer dies nützlich scheint.

Die Anerkennung der Rolle des Auftraggebers und der dazugehörenden notwendigen und legitimen Interessen (*und* das Erkennen seiner sonstigen Interessen) sind unabdingbar für eine wirksame Einflussnahme. Und wo wäre schon einmal ein Beratungsprozess gelungen, wenn die Beratenden nicht Einfluss auf den Auftraggeber hätten nehmen können – oder das gar nicht erst wollten? Dann bräuchte man sie ja nicht! Tatsächlich werden dann Neuverhandlungen und Umverteilungen von Macht möglich und wahrscheinlich, wenn und weil sich das Ziel dadurch besser erreichen lässt. Aber nicht, weil zuvor durch Beratung Macht *ausgesetzt* wurde, sondern weil sehr transparent beschrieben und geklärt wurde, für welches Ziel gearbeitet werden soll, im Klientensystem wie im Berater- und Beratungssystem. Mit dieser Zielstellung – es ist die Zielstellung der Auftraggeber – werden nicht alle einverstanden sein. Diese Tatsache gilt es, in den Prozess miteinzubeziehen. Und es kommt durchaus oft vor, dass sich dadurch oder aus anderen Gründen die Zielstellung im Verlaufe ändert oder präzisiert, dann aber für alle offen und besprochen.

Es ist nicht das Beziehungsangebot des Beraters gegenüber den Beteiligten, das Räume öffnet und per se Nutzen stiftet, sondern vielmehr die Wirkungsmacht, die ein Beratungssystem in der Lage ist zu entwickeln, um bestimmte Sachen, Inhalte, Veränderungen professionell in Gang zu setzen. Dabei darf Macht vom Beratenden weder übersehen, bekämpft noch tabuisiert, sondern sie muss eingesetzt werden, um wirksam zu sein.

Dazu müssen in der Tat Beziehungen tragfähig gestaltet werden – aber möglicherweise sehr unterschiedlich: Da befinden wir uns schon mitten in der mikropolitischen Ebene. Auch verbesserte Beziehungen innerhalb einer Organisation sind mitnichten das generelle Ziel von Beratung, sondern es geht immer um »die bessere *Arbeit*, die reflektiertere, die professionellere Arbeit«, sagt die Grande Dame der

Supervision, Marianne Hege (Hege, 2017, S. 20). Es sind letztlich die *Inhalte*, die Sache, der Zweck, die durchgesetzt werden müssen (weil sie sich nicht von allein durchsetzen, wie Bert Brecht mahnt).

Die Pyramide wird von unten gebaut (siehe Abbildung 4): Sie beginnt mit den Menschen, die es zu gewinnen gilt, und läuft sinnvollerweise auf die Sinnspitze der Organisation zu: die vielfältige fachliche Arbeit, die in ihr geleistet werden soll. In genau dieser Reihenfolge gilt es zu arbeiten. Tragfähige soziale Beziehungen, machtpolitischer Einfluss, starke Verbindungen und Verbündete sind nicht Ziel, sondern Grundlage für alles Folgende.

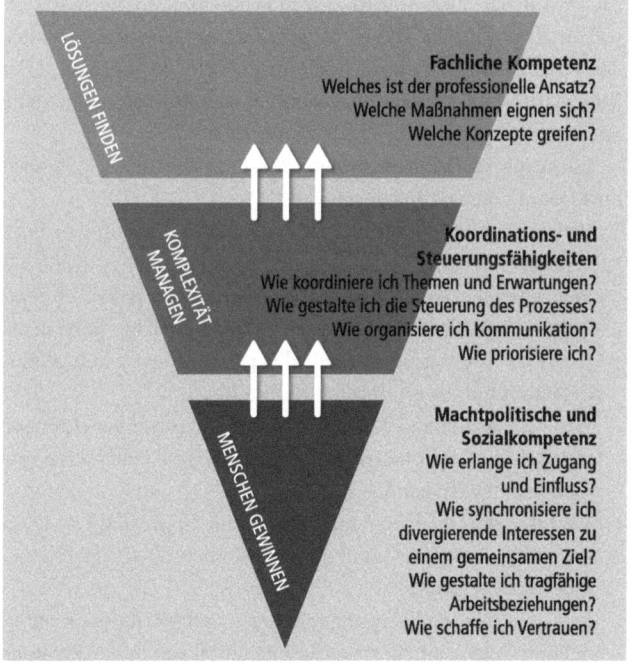

Abbildung 4: Die umgekehrte Pyramide des beraterischen Vorgehens

4 So ungefähr geht das praktisch – machtbewusste Beratung in vier Schritten

Es ist legitim und erfrischend nützlich, Macht als direkten Ausgangspunkt für Beratung zu nehmen und nicht nur als Nebenthema zu behandeln: Eine Beratung zur Macht hilft Klienten, Coachees, Ratsuchenden dabei, ihre Intentionen zu klären und, wo möglich, sinnvoll zu verwirklichen. Das ist ja die Grundlage jedweder Beratung: Sie sollte helfen. Es ist ihre vornehmste Pflicht, das Vermögen der Klienten zu stärken, ihre Chancen zu erweitern und in ihrem Sinne zu nutzen.

Eine explizite Beschäftigung mit Macht in der Beratung ist auch noch aus anderen Gründen sinnvoll:

- Weil verkürztes, klischeehaftes Machtverständnis oft den Blick verstellt.
- Weil durch die Negativkonnotierung Skrupel auftauchen, ob es erlaubt sei, Machtmittel einzusetzen: »Management by Guilt« nennt Harry Levinson die so entstehenden permanenten Schuldgefühle in Leitungspositionen (Haubl, 2005, S. 63).
- Weil die machtpolitische Ebene der Arbeit nach wie vor chronisch unterschätzt wird und dadurch viel unnötiges Leiden darin und daran vermieden werden könnte.
- Weil der Anlass für Beratung häufig eine Erfahrung von Ohnmacht ist – oder eine künftige Herausforderung, die man unbedingt bestehen will.
- Last, not least, weil Umgang mit Macht und Mikropolitik unternehmensintern tabuisiert ist und damit oft nur in der Beratung besprochen werden kann.

»Beratung als Ermächtigungstechnologie« nennt der Psychodramatiker und Berater Ferdinand Buer diese Form der Unterstützung (Buer, 2012, 2016). Es ist durchaus nicht nur spannend, sondern auch attraktiv, sich in dieser Disziplin zu qualifizieren, sich öfter als Akteurin bzw. Akteur zu erleben, nicht nur als Erleider.

Der vorgestellte Beratungsansatz belässt es nicht bei der *Analyse* von Machtverhältnissen, sondern zielt dezidiert auf eine Vergrößerung der eigenen Wirksamkeit. Die Anlässe können dabei sehr unterschiedlich sein:
- Onboarding/Führungswechsel/Neueinstieg,
- Schnittstellenklärung und Kooperation mit anderen Abteilungen,
- Changemanagement,
- Umgang mit Konflikten,
- Kultur- und Leitbildentwicklung,
- Projektmanagement,
- Führung (laterale, im Projekt, virtuelle, agile …),
- last, not least: Erfahrungen von Ohnmacht.

Überall geht es darum, Absichten in Wirkungen zu übersetzen. Jedes Mal müssen dafür Chancen geschaffen, vergrößert und genutzt werden. Immer geht es darum, die eigene Selbstwirksamkeit bzw. die des eigenen Systems zu aktualisieren, zu vergrößern bzw. wiederherzustellen.

Wo also nicht nur Rolle und Funktion, nicht nur Konflikt und Krise, nicht Organisationsentwicklung, nicht Strategie, nicht Change die grundlegende Thematik ist, wenn nicht nur Professionalisierung, sondern Ermächtigung angestrebt wird (was sich glücklicherweise hervorragend mit Professionalität verträgt), dann lenkt das den Blick auch angstfrei und ehrlich auf das übergeordnete Endergebnis jedes professionellen Handelns: das entscheidende Wozu. Welche Wirkung soll eintreten? Was will ich erreichen? Was ist der Zweck meines Tuns?

Es sind diese vier Schritte (siehe Abbildung 5), die differenziert bearbeitet und reflektiert werden müssen, in dieser Reihenfolge und je nach Thema auf unterschiedlichen »Flughöhen«:

1. *Ich* will: Das eigene Interesse differenziert bestimmen und entwickeln.
2. Die *Anderen* brauchen: Sie anerkennen und ihnen nützen.
3. Die *Spielregeln* erfordern: Unternehmenskulturen verstehen und nutzen.
4. Die *Strategien* wählen: Seine Wirkungsmacht nachhaltig auf- und ausbauen.

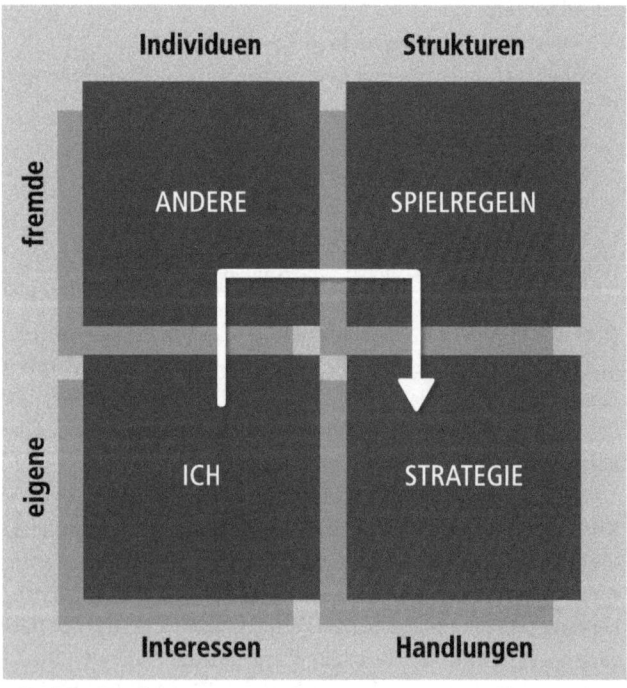

Abbildung 5: Die vier Schritte zur Macht

4.1 Schritt 1: Ich will – das eigene Interesse präzise bestimmen

Es fängt mit dem *Ich* an. Die Fähigkeit, Klarheit und Erlaubnis zum eigenen Wollen stehen am Anfang. Eine Akteurin will etwas bewegen, etwas erkennen, *um zu* ... – nicht l'art pour l'art. Macht will etwas bewirken. Auch da, wo sie Selbstzweck ist, gibt es das »Um-zu«: das Selbst. Dies oder andere eigene Absichten zu erkennen, mag ambivalente Gefühle auslösen. Verantwortung für das Wozu zu übernehmen, ist zwingend. Wer nichts will, braucht keine Macht und wird auch keine gewinnen. Wer etwas bewirken will, braucht Macht, und paradoxerweise ermöglicht genau diese Machtnotwendigkeit auch ihre Möglichkeit.

Damit ist keineswegs gesagt, dass alles erreichbar wäre, wenn man es nur richtig anstellte (in Zeiten des »Alles-ist-möglich« muss wohl eigens darauf verwiesen werden). Aber ohne eine innere Klärung über das Wohin gibt es immer zu viele Wege, jedoch keinen guten und man kommt nirgendwo an. »Ist die Seele bereit, sind die Dinge es auch«, sagte Shakespeare und implizierte damit die große Kraft, die entsteht, wenn eine innere Klarheit auf die äußere Welt trifft.

Allerdings ist die Klärung der eigenen Ziele, Interessen, Bedarfe, Bedürfnisse nicht so einfach, wie es auf den ersten Blick scheint, und sie ergibt sich keineswegs von selbst, weil sie teils unbewusst, verschüttet ist oder vom Richter des eigenen Selbstbildes zensiert wird. Erste Antworten auf die Frage nach den eigenen Zielen bei einer bestimmten Tätigkeit oder Aufgabe wiederholen jedenfalls oft lediglich das offizielle fachliche Ziel, das Projekt, das man »gut hinbekommen« will, eine gewisse Qualität des Produktes, eventuell noch einen guten Prozessverlauf etc. Das Denken bleibt auf der Ebene der Sachlogik beschränkt. Fragen aus der machtpolitischen Dimension wären: Wen gewinne ich durch dieses oder jenes Vorhaben? Welcher Raum wird dadurch für mich/meine Abteilung größer? Welche Freiheiten/Einflussfelder/Themengebiete will ich mir mit dieser Aufgabe erschließen? Oft wird klar, dass das aktuelle Projekt dafür gänzlich ungeeignet ist. Man hat es aber schon angenommen – und die machtpolitischen Fragen zu spät gestellt ...

Tiefer gehen: Wollen in vier Dimensionen

In Anlehnung an Kants vier große Fragen kann das eigene Wollen in diesen Dimensionen reflektiert werden:
1. Was *kann* ich (überhaupt nur) wollen? Meine Grundbedürfnisse.
2. Was *soll* ich wollen? Die Außen- und die Rollenanforderungen.
3. Was *darf* ich wollen? Was erlaube ich mir, zu wünschen?
4. Also: Wo will ich hin? Was will ich erwirken? Mein Wozu.

Dimension 2: Was *soll* ich wollen?

Um mit der vertrautesten, 2. Frage, dem *Sollen,* zu beginnen: Hier finden sich die offiziellen Zielvorgaben für ein Projektergebnis, die grundsätzlichen Erwartungen an bestimmte Verantwortungsträger vonseiten der verschiedenen Stakeholder. Diese Sollanforderungen werden analysiert mit den klassischen Rollenklärungen und Erwartungsanalysen der Subsysteme und Umwelten. Allein bei dieser Frage gibt es schon mannigfache Unebenheiten, Widersprüche und Dilemmata, die sortiert werden müssen und, wo dies möglich ist, über Ziel- und Rollenverhandlungen ein wenig passender zugeschnitten werden können, sodass die äußeren Freiräume und die Wirkungsmacht sich vergrößern. So weit, so bekannt.

Dimension 1: Was *kann* ich wollen?

Zurück zur ersten Frage. Hier geht es um die innere Freiheit: Wie bereits erwähnt, ist das eigene Wollen von uns mitnichten frei konfigurierbar. Wir können nicht *wollen,* was wir wollen. »Ich kann thun, was ich will. Ich kann, *wenn ich will,* Alles, was ich habe den Armen geben und dadurch selbst einer werden, – wenn ich *will!* – Aber ich vermag nicht, es zu *wollen*« (Schopenhauer, 1839/1978, S. 82). Das erfordert eine ganz eigene Art des Selbstvertrauens: Das »Vertrauen in das, was zu sein wir nicht umhinkönnen«, wie Harry Frankfurt es ausdrückt (Frankfurt, 2007, S. 71). Es ist wichtig, zu verstehen, was uns wichtig ist, auch und gerade dann, wenn unser Selbstbild eigentlich etwas anderes von uns fordert. Die bereits genannten Grundmotivationen beispielsweise – Macht, Zusammenhalt, Leistung – sind nicht einfach verhandelbar. Lebensgeschichtliche Prägungen kennzeichnen persönliche Vorlieben wie tiefe Bedürfnisse der Einzelnen.

Wessen Leistungsorientierung stark ausgeprägt ist, kann sich nicht einfach wünschen, weniger ehrgeizig oder anspruchsvoll sein. Wenn einer ein hohes Bedürfnis nach Zugehörigkeit hat, dann wird es ihm *immer* schwerfallen, sich gegen sein Team zu positionieren oder Gruppenloyalität zu verweigern. Tiefe Bedürfnisse prägen uns auch da, wo wir sie nicht haben wollen oder sie uns in unseren »eigentlichen« Zielen im Weg stehen. Das bedeutet noch keinen Determinismus im Handeln, sondern hier fangen die Überlegungen gerade erst an. Wo das unverhandelbare persönliche Wollen in unseren Vorhaben und unserer Handlungsweise nicht »mit eingepreist« wird, kommen die Kosten nachträglich auf einen zu. Eine Leistungsmotivierte kann durchaus einsehen, dass sie ihr Arbeitspensum zurückfahren und deswegen ein attraktives Zusatzprojekt ablehnen muss, sie muss aber die Trauerkosten tragen. Sonst wird sie bei der nächsten Verführung umkippen – und Kollegen und Chefs kennen die »Knöpfe« der Verführung bisweilen besser als man selbst. Es gilt ganz generell, bei sich selbst die Fallen, Verführbarkeiten und Motive furchtlos zu erkunden. Was hat Macht über mich?

Vor dem Hintergrund dieser und anderer elementarer Bedürfnisse und persönlichen Leidenschaften gilt es die inhaltlichen Ziele der Arbeitswelt und konkret der eigenen Position darin, darauf zu prüfen, inwieweit sie mit dem eigenen Wunschvermögen kompatibel sind. Oder welche Differenzen bewusst in Kauf genommen und überbrückt/kompensiert/sublimiert werden müssen. Bei der Frage nach dem eigenen Wollen geht es weit mehr um ein inneres, lebensbegleitendes Suchen und Erkunden als um ein Planen und Entscheiden. Das ist der Unterschied zwischen Selbst-Bewusstsein und Selbst-Behauptung.

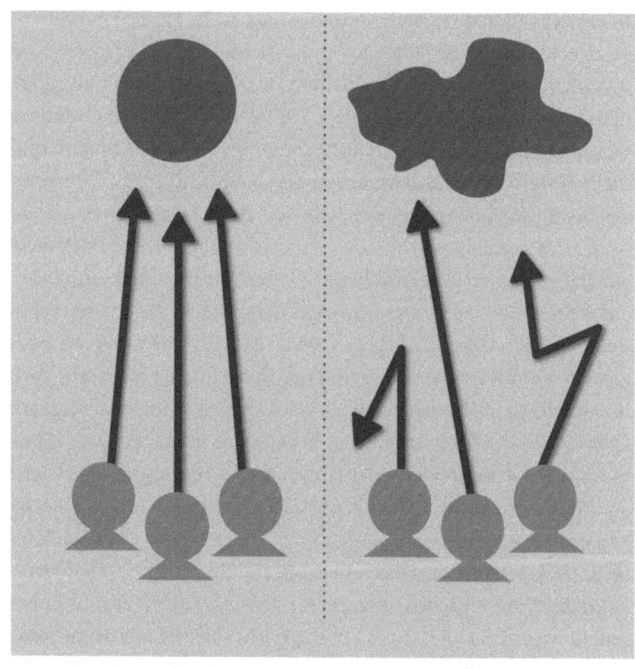

Abbildung 6: Außenwirkung von Zielklarheit vs. Zieldiffusion

Dimension 3: Was *darf* ich wollen?

Hier stellt sich die Frage der Erlaubnis, die wir uns selbst geben müssen. Neben den Sollanforderungen von außen aus der Sachdimension, neben den uns prägenden und nicht verhandelbaren Grundbedürfnissen, gibt es noch eine ganze Reihe von un- oder metasachlichen Interessen, die es verdienen, ans Licht geholt und geprüft zu werden. Berufliche Arbeit eignet sich auch hervorragend dafür, noch ganz andere spezifische Interessen zu verfolgen: viel Geld verdienen, spannende Themen kennenlernen, einen Status erlangen, etwas lernen, nützlich sein, gefragt werden etc. Es gibt auch die vielen harmlosen Wünsche und gar niederen Beweggründe des Arbeitsalltages, z. B.:

Mit Kollegin X was zu tun haben; auf keinen Fall mit N. N. zusammen in einer Arbeitsgruppe landen; öfter »Nein« zu sagen; vor der zu vollen oder zu leeren Wohnung zu fliehen; so schnell wie möglich wieder aus dieser Abteilung wegzukommen; vor Langeweile geschützt zu sein, sich zu verausgaben; in Ruhe gelassen zu werden; sich rächen; es allen zu zeigen; durchzukommen, ohne dass jemand merkt, dass …; gesehen zu werden usw. usf. Jede und jeder muss prüfen, ob diese Interessen ernst genommen oder »verräumt« werden (wohin?).

Bei näherem Hinsehen ergeben sich daraus permanent Dilemmata zwischen persönlichen Interessen und Sachgründen, die sich auch jeweils in sich noch widersprechen können: Soll ich Projekt A favorisieren, weil ich es inhaltlich für wichtig halte? Oder doch B, weil ich dort N. N. ausweichen kann? Gebe ich mir die Erlaubnis, meine unsachlichen Gründe wichtiger zu nehmen? Und welche davon? Und – von den »kleinen« Interessen abgesehen: Wie hoch traue ich mich, meine Ansprüche und Ambitionen zu stecken? Oder treibt meine Angst mich zur Enttäuschungsprophylaxe und verbietet allzu ambitionierte Absichten?

Was hat das Ganze mit Macht zu tun? Grundsätzlich gilt: Je mehr eigene Ziele, Interessen, Bedürfnisse jemand »hinter sich versammelt«, also bündeln und synchronisieren kann, desto größer ist seine bzw. ihre Selbstwirksamkeit, also die Macht, intendierte Ergebnisse zu erzielen. Denn wo das eigene Wollen eine klare Richtung hat, richten sich auch alle Anstrengungen und Ideen, die Hartnäckigkeit und Effizienz, die Lust und die Frustverarbeitung in den vielen täglichen Handlungen im Einzelnen daran aus.

Das wird dann auch von außen besser verstanden (siehe Abbildung 6). Nicht wenige Vorhaben scheitern einfach deshalb, weil deren Betreiber widersprüchliche Botschaften aussenden und sich in ihren Ambivalenzen verkomplizieren und verheddern. Tragischerweise schaffen es genau darum unterkomplexe, simplifizierende Forderungen auf die Agenda und in die Schlagzeilen, weil sie *ein*-fach verständlich sind. Seine eigenen komplexen Beweggründe aus der Interessen- und der Sachsphäre genau zu kennen und aus ihnen – bei allen inneren Widersprüchen und Ambivalenzen – eine eindeutige Intention abzuleiten, ist harte Arbeit. Es geht nicht um Simplifizierung, sondern um Präzisierung und Eindeutigkeit. Hier wird das »Innere Team« möglicherweise mehrfach tagen, aber nicht nur, um sich auszutauschen, sondern um Entscheidungen zu treffen, die realistisch und ambitioniert gleichermaßen sind.

Dimension 4: Wo will ich hin? Was will ich erwirken?

Die vierte Frage ist das Ergebnis dieser harten Arbeit: *Wo also will ich hin?* Nicht: Womit will ich mich beschäftigen, sondern: Wo will ich hin? Folgende Fragen können dann bei der Ausrichtung einer größeren Aufgabe klar beantwortet werden:
- Was will ich schlussendlich erreichen im Zusammenhang mit diesem Projekt?
- Was ist mein persönliches Ziel hinter dem sachlichen Ziel?
- Was steht für mich auf dem Spiel? Möglicher Gewinn, möglicher Verlust?
- Welche Hauptbotschaft will ich transportieren? Was soll über mich gesagt werden?
- Wer soll mich sehen?

Dabei gilt es, aufzupassen, ob die artikulierten Zielsetzungen tatsächlich Ergebnisse prägnant beschreiben oder ob es nur gutklingende Worthülsen sind, mit denen man andere und sich hintergehen kann, mit denen man also das eigene Wollen wieder vernebelt. Beispielvernebelungsziele sind: »Bewusstmachung von«; »Austausch über«; »Verbesserung des Kontaktes zu«, »strategische Themen angehen«, »Prozesse überprüfen« oder auch »mehr Anerkennung«. Die Frage stellt sich doch: *Wozu* soll der Austausch, die Bewusstmachung, der Kontakt dienen? Was passiert dann? Hier sollte sich jede und jeder Rechenschaft darüber geben und zumindest und zuallererst für sich persönlich präzisieren, was das eigentlich intendierte Ergebnis ist. Zum Beispiel, »das Team davon zu überzeugen, dass Produkt X ersetzt werden soll durch Produkt Y«. Erst von diesem klaren Wunsch ausgehend, kann die Managerin überhaupt bewerten, was sie dafür braucht, um (sich) ihn zu erfüllen; z. B. Argumente und Ideen, wie sie die erwartbaren Widerstände von A, B und C überwindet. Statt »strategische Themen angehen« heißt die präzise Intention besser: »eine mittel- und langfristige Strategie entwickeln«. Statt »Prozesse überprüfen« meint sie vielleicht konkret: »entscheiden, welche Prozessschritte wie verändert werden müssen.« In jedem Fall entstehen damit mehr Zug und Klarheit und mehr Wirkungsmacht.

In achtzig von hundert Fällen, in denen irgendetwas aufwendig analysiert werden soll, könnte man durch logisches und stringentes Weiterdenken bereits sehr früh viel *spezifischer* formulieren, welche Entscheidungen genau aufgrund dieser Analysen getroffen werden sollen und was durch die Analyse denn eigentlich angestoßen werden soll. Genau das gilt es, zu identifizieren, zuallererst sich selbst gegenüber.

Vieles andere – sehr oft die naive Idee: »Lasst uns doch mal alle nachdenken und alle Informationen einholen!« – sind Vernebelungstaktiken, um sich noch eine Weile vor dem eigentlichen Wozu zu drücken. Dadurch können alle noch frei nach jeweiliger Interessenlage fantasieren, wozu die Ergebnisse dienen können. Es kostet Zeit, bringt viel zu viele überflüssige Informationen zutage, die dann anschließend nur sehr selektiv weiterverarbeitet werden können, was wiederum einen Gutteil der Informationenzusammenträger enttäuscht, deren Vorstellungen in eine ganz andere Richtung gingen.

Idealerweise weiß jemand zu jeder Zeit sowohl für ein Gesamtprojekt wie für Teilaufgaben wie letztlich für jedes einzelne Meeting, was er oder sie da eigentlich erreichen will – das ganz konkrete Wozu. Auch auf der operativ untersten Ebene, dem Meeting, sind die gleichzeitig auftauchenden Interessen in der Regel so mannigfaltig und dissonant, dass sie immer einer Ausrichtung und Auswahl bedürfen. Als da wären: mich nicht wieder einwickeln lassen, einen guten Eindruck machen, dem Kollegen endlich Paroli bieten, verhindern, dass ..., rauskriegen, ob ..., hoffen auf ..., usw. usf. Wer sich hier nicht *vorher* entscheidet für sein Ziel und seine Haltung, und dann etwas dafür tut, geht frustriert aus dem Treffen heraus. Und hat es sich selbst eingebrockt: Er oder sie hat sich nicht der Mühe unterzogen, etwas in diesem Meeting zu wollen – und zwar *etwas* und nicht von allem ein wenig und nichts richtig.

Ein letzter und ganz grundlegender Punkt, warum das *Ich* und sein klares Wollen so wichtig ist – weil dadurch eine Differenz eröffnet wird: Das Begehrte ist noch nicht da, es existiert außerhalb vom Ich. Je größer und klarer die Differenz ist, je mehr das Risiko des Gelingens oder Scheiterns ins Auge gefasst wird, desto größer ist die Spannung, aus der sich Dynamik und Energie entwickeln, es zu erreichen. Mit anderen Worten: Wer nichts will, sich nicht traut, etwas zu wollen, hat keinen Grund – im wahrsten Sinne: kein Fundament – für Schritte oder Sprünge in *irgend*eine Richtung und bleibt am besten sitzen. Dieses Zu-etwas-Hinwollen ist ein starker Attraktor, der Kreativität, Hingabe und Intelligenz freisetzen kann; das kann je nach Differenz geringe, mittlere oder schmerzhafte Anstrengungen bedeuten. Den richtigen Spreizungsgrad wählen kann nur die, die vorher ihre eigenen Wunschräume bewusst und ehrlich durchmessen hat.

4.2 Schritt 2: Die anderen brauchen – sie anerkennen und ihnen nützen

Macht und Einfluss rekurrieren auf Interessen. Folglich gilt es, erstens, die Interessen der anderen herauszufinden, und zweitens, in irgendeiner Weise zu bedienen oder einen Ausgleich für übergangene Interessen zu schaffen. Entgegen dem Klischee vom Machtmenschen lautet die entscheidende Frage hier nicht einfach: Wie bekomme ich die anderen dazu, zu tun, was ich will? Sondern: Was brauchen diese? Persönlich und in ihrer Funktion? Wie kann ich ihnen das geben, ihnen nützen? Und als Allererstes gilt es, diese machtpolitische Ebene/die Beziehungsebene zu priorisieren vor jeder Sachfrage. Das geschieht gar nicht in erster Linie aus ethischen oder sozialen Erwägungen heraus, sondern weil Personen wichtiger für das Gelingen jedweden Vorhabens sind als die Sachfragen. Letztere sind natürlich wesentlich einfacher zu händeln als all diese komplexen, widersprüchlichen, zartbesaiteten, inkonsequenten und vielfach limitierten Bündel aus Fleisch, Blut und Nerven, die schöne, schlimme, inspirierende, schlaue, vernünftige, verrückte Dinge tun, sagen oder denken. Sich mit ebendiesen Menschen zu beschäftigen, erfordert die berühmte Sozialkompetenz, ein scharfes Rollenverständnis, Empathie, Beobachtungsfähigkeit und vor allem Interesse. An der (chinesischen) Wurzel angepackt, heißt das: Nicht erst anfangen, nachzudenken, wenn Widerstand zu spüren ist, sondern diesen viel früher antizipieren und entkräften. Die stetige Suche nach dem gemeinsamen und verbindenden »Dritten« ist ein zentraler Hebel in jedweder Machtfrage und sollte so frühzeitig wie selbstverständlich erfolgen (Volk, 2011, S. 157 f.).

Tiefer gehen: Interesse an den Interessen anderer haben

Wichtiger noch als die Beschäftigung mit den Einzelnen (auf die noch eingegangen wird) ist es, sich generell die Konstellation zu vergegenwärtigen. Allzu schnell verblasst diese hinter den persönlichen Begegnungen mit den Einzelcharakteren, die man dann schnell in angenehme oder unsympathische Gesprächspartner einteilt. Demgegenüber ist es notwendig, zu realisieren, an welcher Funktion sich die bzw. der andere befindet, und ihnen Respekt für diese ihre positions- und rollengebundene Interessenlage entgegenzubringen.

Hier ein paar Grundkonstellationen und ihre Erfordernisse:
- Jedes Subsystem ist in Konkurrenz zu den Subsystemen derselben Ebene. Ressourcen sind begrenzt. Das Gleiche gilt für die natürlichen Spannungsfelder zwischen: Geschäftsfeld – Geschäftsfeld; Zentrale – Regionen; Stab – Linie; etc.
- Jedes Projekt ist eine Beleidigung der Linie, wie sinnvoll oder herbeigewünscht es auch sein mag. Eine Projektleiterin wird immer

in Konflikt mit den Linieninteressen stehen. Sich darüber zu wundern oder sich über den unkooperativen Abteilungsleiter gar zu ärgern, verrät, dass die Konstellation vergessen wurde.
- Die unterschiedlichen Funktionsbereiche in Unternehmen haben eine jeweils andere Sachlogik und *müssen* folglich miteinander ringen um Geschwindigkeit vs. Genauigkeit; Qualität vs. Kosten, Prozesssicherheit vs. Flexibilität; Zuständigkeit vs. Kompetenz; internationale Standardisierung vs. lokale Erfordernisse; technische vs. strategische Optionen; Arbeitgeberattraktivität vs. Shareholdernutzen; etc.

Es gilt zu unterscheiden zwischen strukturellem Vertrauen und persönlicher Vertrautheit. Persönliche Vertrautheit in Arbeitsbeziehungen wächst nur sehr langsam, ist die erfreuliche Ausnahme und in der Regel gar nicht notwendig für die eigene Wirksamkeit. Die scheinbar heilenden Kräfte des »Zusammen-ein-Bier-Trinkens« werden maßlos überschätzt und tendieren noch dazu ins Übergriffige. Entscheidender ist das strukturelle Vertrauen; das entsteht durch Verlässlichkeit.

Verlässlichkeit wiederum gründet im Wissen und Erkennen dessen, was der bzw. die andere für eine Aufgabe und folglich für ein Rolleninteresse hat, wann und warum jemand sich in einer bestimmten Situation verhält, wie er sich verhält. Auch und gerade, wenn einem das Verhalten ganz und gar nicht passt. Ausgehend von der nach wie vor gültigen Erkenntnis, dass die Rolle einen Akteur ungleich mehr prägt als seine charakterliche Ausstattung, ist es die erste Aufgabe, die Rollenanforderungen der Arbeitspartner zu kennen – und anzuerkennen. Anerkennung hat nicht von ungefähr etwas mit erkennen zu tun. Niemand wird je jemanden beeinflussen können ohne diese Akzeptanz für die Ziele und Aufgaben dieses anderen. Idealerweise kennt man sie noch besser als dieser selbst, um bereits sehr früh zu wissen und entsprechend anbieten zu können, was man für dessen Erfolg bereit ist, zu tun.

Vorauseilender Gehorsam wird es – despektierlich – benannt, wenn dieser Vorgang defensiv interpretiert wird. Machtvoller ist die offensive

Variante: Antizipation der Bedenken, Einbezug der Perspektiven, kluge Überzeugungsarbeit und attraktive Angebote zum Nutzen des anderen.

Sollte dieser diese Interessenausgleiche auf seiner Waage immer noch für zu leicht befinden, oder daran nicht interessiert sein, nützt es rein gar nichts, das Gegenüber weiter zu bearbeiten, zu nötigen und »sauer zu fahren«. Die Machtkonstellationen müssen realistisch abgewogen und dann andere Strategien gefunden werden. Oder das Vorhaben wird beerdigt. Vieles davon kann man schon sehr früh selbst analysieren oder durchspielen, nicht erst wenn man mit der Nase am Stoppschild angestoßen ist.

Wer eine neue Funktion einnimmt oder eine neue Stelle antritt, pflastert seinen Kalender in den ersten Wochen mit Besuchen – und nicht nur der eigenen Kollegen, Vorgesetzten, Teammitglieder, sondern auch aller weiteren Schlüsselpersonen aus dem näheren und weiteren Umfeld.

Wann gibt es schon die seltene Möglichkeit, sachanlasslos einen Termin zu vereinbaren mit dem schlichten Betreff: »Hi, ich bin der/die Neue, ich wollte Guten Tag sagen und mir von Ihnen die Welt erklären lassen.« Letzteres ist für die Besuchten so erfreulich wie unverhofft: Wann darf man schon mal seine Weltsicht ausbreiten, ganz ohne Gegenrede! Und der Beginn einer guten und langen Arbeitsbeziehung ist gelegt…

Es geht also als Erstes darum, wie im vorigen Abschnitt für sich selbst, nun die zentralen Ziele, Motive und Interessen der anderen zu erkennen. Neben den oben beschriebenen rollengebundenen Interessen gibt es immer auch die situationsspezifischen. Wer von einem wichtigen Kooperationspartner abhängig ist, kann (hoffentlich) folgende Fragen über ihn beantworten:

Welche Ziele und Interessen hat N. N.?
- An welchen Zielen wird er/sie gemessen?
- Welche persönlichen Interessen verfolgt er/sie?
- Welche Probleme setzen dem/der anderen gerade zu?
- Was sind seine/ihre Bedürfnisse? Worüber freut sie sich? Was hasst er?

- Wie sieht ihr/sein typischer Tag aus?
- Wie nutze ich ihr/ihm?
- Welche Win-win-Situationen/Interessenschnittmengen gibt es?
- Womit nutze/beeindrucke ich den anderen positiv?
- Was benötigt er/sie von mir am meisten? Was kann ich leicht geben?
- Was funktioniert?
- Was sollte ich lassen, weil es die andere unnötig belastet/nervt?
- Wer hat auf ihn/sie Einfluss?
- Wodurch? Aufgrund von deren Status? Deren Ansichten? Ihrer Loyalität?
- Wie vermehre/verbessere ich die Kontaktmöglichkeiten zu diesen und zu ihr/ihm direkt?
- Gibt es ein gemeinsam geteiltes Drittes? Personen, Themen, Geschichten?
- Was macht ihn/sie einflussreich?
- Über welche Machtquellen verfügt sie bzw. er: Position? Wissen, Zugänge … (siehe Unterkapitel 2.2)

Wie unschwer festzustellen ist, bedarf es gar nicht immer direkter Fragen; diese sind wichtig, und wo es möglich ist, sie zu stellen, stellt man sie. Aber die überfachlichen Bedürfnisse, die Interessen hinter den offiziellen Zielvereinbarungen oder bestimmte spezifische Machtquellen werden selten thematisiert. Es geht darum, zu beobachten, ein Gespür zu entwickeln und diese Interessen herzuleiten. Wer mit diesen Fragen im Kopf die Person und das Umfeld betrachtet, wird Antworten finden. Meist sind aber alle so mit ihrer eigenen Agenda beschäftigt, dass für die Aufmerksamkeit auf den Resonanzraum, für das Gegenüber, seine Motive, Anliegen und Ambitionen kein Platz mehr bleibt.

Dieser machtpolitische Perspektivenwechsel ist aber unumgänglich: Die Sorgen und Perspektiven des anderen zu antizipieren, bedeutet eine Relativierung – ein In-Bezug-Setzen – der eigenen Ansprüche. Nur wenn ich die Interessen anderer kenne, kann ich sie nutzen, miteinbeziehen oder Interessenausgleiche überhaupt angehen. Nicht zuletzt deswegen ist es wichtig, sich vorher seines eigenen Wollens versichert zu haben.

Und deshalb ist es klug, zuerst einmal ruhig zu bleiben, mehr zu fragen, als zu sagen, und sich anschließend Gedanken zu machen, was das bedeutet für die eigenen Vorhaben.

Der Interessenkonflikt ist nicht das Ende, sondern der Anfang aller Überlegungen

Schwierig wird es, wenn ich jemandem nützen soll, dessen Ambitionen und Interessen ich ablehne. Jetzt stellt sich die Gretchenfrage: Bin ich in der Lage oder bin ich es nicht, fremde Interessen »anzuerkennen« – also erstens zu erkennen und zweitens als gegeben zu akzeptieren und drittens mit ihnen zu arbeiten, ohne sie teilen zu müssen. Kann ich auch dem »Gegner«, dem »Unsympath« zu Erfolgen verhelfen, ihn loben (allerdings nur, wo ich etwas zu loben finde)? Wenn nicht, dann limitiere ich meine Wirksamkeit an diesem Punkt.

Auch die Art der Argumentation kann Türen öffnen oder schließen. Jeder und jede hat ihren eigenen Stil: eher am Detail interessiert oder am Großen und Ganzen; eher auf die Sache fokussiert oder auf die Person eingehend, wie in Abbildung 7 dargestellt.

Kritisieren, Fordern, Empfehlen oder Inspirieren sind vier gänzlich unterschiedliche Grundtypen der Beeinflussung. In jedem Auditorium sitzen verschiedene Menschen, und jede Präsentation muss Aspekte aller vier Grundstile beinhalten. Wer mit einer einzelnen Person diskutiert, tut gut daran zu wissen, welche Argumentationsweise sie schätzt. Es ist gut und wichtig, die eigene Lieblingsvariante zu kennen, aber sie nicht überzustrapazieren – lieber die anderen drei erlernen!

Es gibt noch viele weitere Unterscheidungskriterien, die herangezogen werden können, um Interessen und Handlungshintergründe anderer besser zu verstehen. Auf die vielfältigen Persönlichkeitsprofile

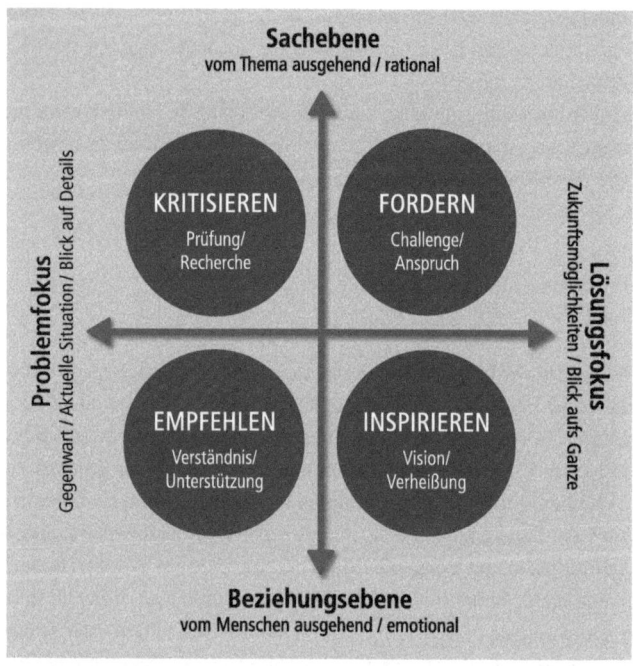

Abbildung 7: Beeinflussungsstile je nach Grunddisposition des Gegenübers (und von einem selbst)

von DISG[2] bis zum Enneagramm[3] soll hier gar nicht erst eingegangen werden, auch sie können helfen bei der Selbst- und Fremderkenntnis. Es kommt nicht auf einzelne Modelle an, sondern auf die ernsthafte, frühzeitige und zuerst einmal innere Auseinandersetzung mit dem Gegenüber und sich selbst.

---

2 Auf Dominanz, Initiative, Stetigkeit und Gewissenhaftigkeit basierender, selbstbeschreibender Persönlichkeitstest.
3 Neunspitzige Typenlehre zur Beschreibung verschiedener Persönlichkeitsstrukturen.

Loyalität ist die Währung der Machtebene

Zurück zu ganz zentralen Interessen, die gar nicht groß hergeleitet werden müssen, sondern so selbstverständlich gegeben sind, dass sie schon wieder übersehen werden: Loyalität zum Beispiel. Sie ist auf der Machtebene das, was die Kompetenz auf der Sachebene ist: außergewöhnlich wichtig. Es kostet nicht viel, am Beginn der Zusammenarbeit mit der neuen Chefin, ihr schlicht und explizit Loyalität zuzusichern – nie würde jemand natürlich danach verlangen oder das erwarten –, statt gleich mit den Sachthemen einzusteigen und die eigenen Verbesserungsideen zu verbreiten. Das gilt auch umgekehrt. Neue Führungskräfte meinen mitunter, sie müssten ihrem Team ihre Kompetenz beweisen und tun dies durch frühe (zu frühe) fachliche Positionierungen in allen möglichen Fragen. Das ist oft kontraproduktiv. Was Teammitglieder in solchen Situationen viel mehr interessiert und was alle so schnell wie möglich herauszufinden versuchen, ist: Was schmeißt die Neue alles um? Wie geht sie mit mir um? Kann ich ihr trauen? Wie sieht sie mich? Braucht sie mich?

Empowerment ist eine Machtstrategie: andere – befinden sie sich im eigenen Team oder eine Hierarchieebene darüber – stark machen, um die eigene Hebelwirkung zu vergrößern. Es wird vielfach vergessen, dass es einen selbst schwächt, die eigene Mannschaft wie auch die eigene Führungskraft zu schwächen. In dieser Linie steht auch das Verbot, Verlierer zu produzieren. Es gibt dafür keinen einzigen vernünftigen Grund, sondern daraus nur Nachteile. Beschämung, Kränkung, Abwertung oder Ignoranz sind die Ingredienzien für psycho- und gruppendynamische Eskalationen, die nur schwer zu beruhigen oder zu korrigieren sind. Dass Kenntnisse im Feld der Gruppendynamik wie der Psychoanalyse gerade in der Machtthematik hilfreich sind, versteht sich von selbst.

4.3 Schritt 3: Die Spielregeln beherrschen – Unternehmenskulturen entziffern und nutzen

Als Unternehmenskultur kann »in einem gegebenen sozialen System (Spiel) die Menge an Spielregeln verstanden werden, die als selbstverständlich vorausgesetzt und angewendet werden und die erst ins Bewusstsein treten, wenn sie verletzt werden« (Grubendorfer, 2016, S. 20 f.). Kultur wird ständig und automatisiert kommunikativ und situativ hergestellt. In einer Gruppe wird gebrüllt – wenn jemand leise redet, wird er nicht gehört –, Lesson Learned: Wer gehört werden will, muss brüllen. So einfach funktioniert im Kern das klassisch rekursive Zusammenspiel von Struktur, die zur Handlung führt, die wiederum die Struktur stützt. Kulturelle Regeln reproduzieren und stabilisieren sich. Sie sind immer schon da.

Foucault würde es so beschreiben: In jedem Handlungsprozess gibt es prinzipiell immer mehrere Handlungsmöglichkeiten. Bilden sich Muster heraus, entstehen daraus feste Machtverhältnisse und Herrschaftsformen, die wiederum ihre ganz eigenen Disziplinierungstechniken entwickeln, durch die Individuen in diese Verhältnisse hineinsozialisiert werden. Diese Begriffe Foucaults lassen sich ohne Weiteres auf die »herrschende« Kultur eines Unternehmens anwenden und machen die Wucht und Tragweite der Herrschaftstechnik, die auf den kulturellen Regeln beruht, um Einiges deutlicher als die Rede von den »Soft Facts« und die Frage, ob es bereits ein Zeichen von Kulturwandel sei, Krawatte gegen Sneakers zu tauschen.

Tiefer gehen: Kulturtypen und Regelverletzungskompetenz

Warum ist die Unternehmenskultur speziell in der machtpolitischen Diskussion so relevant? Weil es die *kulturellen* Regeln sind, die ganz selbstverständlich und blitzschnell die Grauzonen schließen, die das offizielle Regelwerk undefiniert lässt – täglich tausendfach in jeder kleinen Entscheidungs- und Ermessensfrage. Die Kultur »regelt« also genau jene »Ungewissheitszonen« der Organisation, die sich bereits als Raum für mikropolitische Betätigungen herauskristallisiert haben. Mikropolitische Manöver sind die Wetter, das Klima ist die Kultur.

Mikropolitiker agieren keineswegs in einem regellosen Dschungel, in dem nur das Recht des Stärkeren oder Gewiefteren gilt. Es existiert ein »Korridor des Zulässigen« (Neuberger, 2002, S. 709), und welcher das ist, bestimmt neben den offiziellen Ordnungen ganz zentral die Unternehmenskultur. Innerhalb dieses Zulässigen befinden sich auch etliche wohlkalkulierte Regelbrüche. Jedes Foul im Fußballspiel ist ein Regelbruch, einerseits. Andererseits ist es ein allfälliges Mittel, um sich einen Vorteil zu verschaffen. Die bekannte und mögliche »Strafe« wird einkalkuliert und niemandem käme in den Sinn, dass der Foulende verrückt sein muss oder nicht weiß, wie die Fußballregeln lauten. Im Gegenteil, er kennt sie sogar ganz genau und weiß, dass die Grätsche besser außerhalb des Strafraumes angesetzt werden sollte. Dagegen würde es keinem einfallen, einen zwölften Spieler mit aufs Feld zu nehmen. Hier zeigt sich, wer über »Regelverletzungskompetenz« verfügt – so nennt Neuberger diese Fähigkeit der Regelanwendung in seiner kleinen Schrift, der er den bezeichnenden Titel gab »Vor allem ihr Gradlinigen – habt acht auf die Kurven!« (nach einem Zitat von Stanislaw Lec. Neuberger 2004, S. 55 f.).

Die Kompetenz, Regeln anwenden *und* verletzen zu können, zeigt sich im mikropolitischen Verhalten. Eine schlichte Regelanwendung ist immer unterkomplex angesichts der Vielfalt an Optionen und Situationen. Regeln setzen Bedürfnisse und Interessen nie außer Kraft. Regeln sind da, wo es um etwas geht, immer gefährdet. Sie sind einerseits einengend, einfallslos und beharrend, auf der anderen Seite entlasten, koordinieren und orientieren sie. Regelverletzungen können machiavellistisch eingesetzt werden, um die regelkonformen »Dummen« auszunutzen und zu hintergehen, aber sie können andererseits – höheren Werten verpflichtet – situativ besseres Handeln ermöglichen: kontextgebunden, aktualisierend, erneuernd.

Bevor man die Regeln kompetent anwenden und verletzen kann, muss man sie souverän beherrschen: »To break the rules, you must first master them.« Macht und Einfluss in einem System gewinnen ausschließlich diejenigen, die die kulturellen Spielregeln kennen und anwenden. Selbstverständlich gibt es in jeder Organisation und in ihren diversen Subsystemen auch unterschiedliche Ausprägungen der kulturellen Spielregeln; es gibt vielfältige Mischformen. Dennoch lohnt sich die Suche nach den dominanten Grundierungen, die wichtiger sind als alles andere. Deswegen haben sie ja diese Prägungskraft. Es ist nicht alles gleich-gültig. Nicht wenige Verwerfungen in Changeprozessen sind erklärbar durch das Aufeinanderprallen unterschiedlicher kultureller Codes. Es lassen sich zum Beispiel folgende kulturelle Grundtypen veranschaulichen.

- *Die »Familie«:* Wesentlich für diese Firmen – sehr viele davon, aber nicht alle, sind Familienunternehmen – sind Zusammenhalt, Zugehörigkeit, Tradition, Loyalität, Bindung, Identifikation. Angst haben sie vor dem Verrat ihrer Werte, vor Illoyalität. Stress entsteht bei Kündigungen. Hier werden Beraterinnen darauf verzichten, Benchmarks aus Konkurrenzunternehmen heranzuziehen oder bestimmte Arbeitsweisen als unzeitgemäß abzuwerten, wenn sie Einfluss nehmen wollen.
- *Die »gut geölte Maschine«:* In diesen Betrieben spielt Ordnung die zentrale Rolle: klare Regeln, Prozesse, Zielerreichung, Zahlen, Daten, Fakten, Routineabläufe, Dienstwege. Die Angst besteht hier vor Kontrollverlust; Stress entsteht durch schlechte Zahlen. Berater fliegen raus, wenn sie als Erstes vorschlagen, über Gefühle zu sprechen, oder auf die Frage, wie lange der Beratungsprozess dauert, lediglich antworten: »Das kommt drauf an.«
- *Der »Abenteuerspielplatz«:* Herausforderung, Freiheit, spannende Aufgaben, Risiko, Kreativität, Selbststeuerung, Selbstverwirklichung, Professionalität, Wettbewerb der Ideen sind hier die wichtigen Motoren. Angst und Abwehr entstehen, wo der Verlust von Freiräumen droht; Stress wird geliebt, aber die Kosten der Selbstausbeutung verunsichern dann doch irgendwann. Wenn das engagierte Beratungsunternehmen daraufhin dazu drängt, verbindliche Standardprozesse einzuführen, ist die Freude schnell vorbei.

Eine weitere Spur, kulturelle Grundmuster aufzuspüren und sie zu nutzen, ist es, die Kernprozesse und Kernfähigkeiten der Unternehmen zu unterscheiden. Daraus entwickeln sich nämlich jene branchentypischen kulturellen Automatismen, in denen die jeweiligen Stärken generalisiert und unhinterfragt auch auf alle anderen Fragen und Probleme angewendet werden (müssen):

- Produktionsunternehmen bauen und fertigen. Alles dreht sich um das Produkt und die technischen Prozesse seiner Herstellung. Wer hier etwas bewirken will, egal bei welcher Frage, muss ein Prozessdiagramm malen können, samt Skalierungsberechnungen und am besten das passende Tech-Tool bereits identifiziert haben.
- Dienstleistungsunternehmen bedienen, transportieren, versorgen, pflegen. Sie müssen Kunden und ihre Bedürfnisse gut verstehen. Ihre Hauptfähigkeit ist ihre Beziehungs- und Anpassungsqualität. Wer hier Kundenbedarfe plausibilisieren kann oder am besten direkt einen Kunden begeistert, ist wirksamer als der, der nur über technische Machbarkeiten spricht.
- Wissensunternehmen beraten, untersuchen, lehren. Ihre Kernfähigkeit ist eine konzeptive. Ohne stringent aufgebaute, sehr umfangreiche und wissenschaftlich fundierte Präsentationen, oder noch besser Studien, geht hier wenig voran.

Um kulturelle Muster zu identifizieren, sind Fragebögen noch ungeeigneter als zur Erkundung der Interessen. Denn es geht nicht nur um die äußere Ebene, etwa der Kleidung und das, was man den Tonfall nennt, sondern um die dahinterliegenden strukturgewordenen Selbstverständlichkeiten, die unbewusst, unhinterfragt, unsichtbar die täglichen Einzelentscheidungen prägen. Sie lassen sich am besten durch genaue Beobachtung von Verhaltensweisen und deren Wirkung herleiten. Es gilt die »Dos and Don'ts« des erfolgreichen Wirkens in einem Betrieb scharf zu analysieren: Was verhilft zu Vorteilen? Und welche Fettnäpfe und Kränkungen werden nicht verziehen?

In einem Familienbetrieb nicht zur Weihnachtsfeier zu erscheinen, in einem Ordnungsunternehmen den Berichtsweg nicht einzuhalten, in einem Start-up auf seiner Mittagspause zu bestehen, disqualifiziert jeden – und zwar ganz unabhängig von seiner Sachkompetenz oder seinem hehren Anliegen.

Die Analyse der unterschiedlichen Interessen beschreibt das *Was*, die Inhalte der Verhandlung – die Analyse der Kultur bestimmt das *Wie* des Vorgehens (siehe Abbildung 8).

Ein Ansinnen darf durchaus neu sein, aber es muss im kulturellen Grundmodus daherkommen, um auf Resonanz zu stoßen:

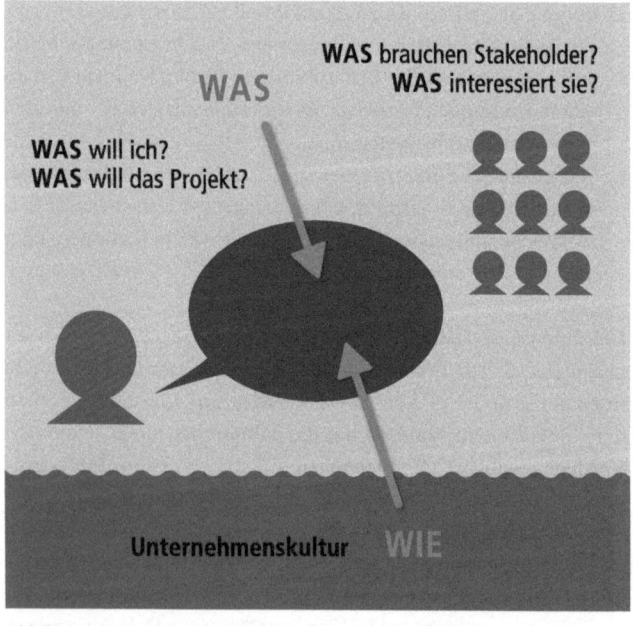

Abbildung 8: Die Kultur bestimmt den Korridor des Zulässigen

In der Gruppe, die brüllt, kann jemand durchaus die neue Idee aufbringen, dass jetzt einmal alle ruhig sein sollten und nachdenken – aber um wirksam zu werden, muss er zuallererst in der Lage sein, zu brüllen: »*Ruhe! Alle halten jetzt gefälligst die Klappe!*«

Der Inhaber-Patriarch eines Traditionsbetriebes, der seine Beschäftigten über tiefgreifende Restrukturierungen einstimmen will, tut das, indem er eine Rede auf der Betriebsversammlung hält, in der er zu Beginn knappe zehn Minuten über die Notwendigkeit der geplanten Veränderungen spricht – und die anschließenden sechzig Minuten über das, was alles *bewahrt* werden wird!

Ein Wort zur *Kulturveränderung*, die oft verheißungsvoll gefordert oder angekündigt wird. Viel entscheidender ist es, die eigene Organisationskultur zu *verstehen*. Denn Selbstverständliches ist unsichtbar. Der Ruf nach einem »Kulturwandel« ist oft eine Chiffre für die gefühlte Unzulänglichkeit der aktuellen Routinen. Ob diese überhaupt begriffen sind, ist fraglich. Ob sie überhaupt verändert werden können, noch fraglicher. Die mechanistische Vorstellung geht so: Was schlecht ist, hat eine Ursache – die »falsche Kultur« –, also wird die Ursache verändert, dann ergibt sich ein neues Resultat. Die angestrebte neue Kultur wird dann nicht selten mit der Wünsch-dir-was-Methode erhoben, deklariert und »ausgerollt«. Das berücksichtigt weder das komplexe rekursive Handlungs-Struktur-Verhältnis noch die Tatsache, dass sich in Krisen – und nur in Krisen wird überhaupt eine »Kulturveränderung« ins Spiel gebracht – die Regression der Organisationsmitglieder tendenziell verstärkt, weil Unsicherheit sich vergrößert und die Beschäftigten ihre bewährten absichernden Routinen noch mehr benötigen als in guten Zeiten.

Statt dieses Kausalitätsprinzip trivial anzuwenden, ist ein anderes Vorgehen wirkungsvoller: Die gemeinsame – also sozial eingebettete – Beschreibung und Deutung dessen, was als kulturelle Gegebenheiten den Betriebsalltag prägt, unterstützend oder limitierend. Wahrnehmung und Deutung von Situationen sind soziale Tatsachen. Soziale Tatsachen können sich verändern. Gemeinsam entwickelte Umdeutungen werden so zu Chancen, (andere) Pläne zu verwirklichen. In diesem Umstand gründet die These von Angela Gotthardt-Lorenz (2009), einer Wegbereiterin der Organisationssupervision: »Regelmäßige Supervision und Coaching verändert die Kultur einer Organisation.« Denn in diesen Beratungssettings werden Beobachtungen aus dem Betriebsalltag systematisch (nicht nur systemisch) sortiert, verbunden, gedeutet. Die anhaltende Analyse der gemeinsamen Deutungen durch die Organisationsmitglieder bildet den Kern in der Diskussion um wirksame Kulturveränderung und Kulturgestaltung.

Etwas zuerst einmal tief zu verstehen und dadurch als Realität anzuerkennen, ist – wie »das Paradox der Veränderung« (Beisser, 2002) beschreibt – genau der erste Schritt in eine Veränderung. Das ist aber immer riskant. Denn Kenner und Könner der herrschenden Kultur – die sich genau darin und damit einen großen Einfluss erwerben konnten – fürchten zu Recht, dass der Bedeutungsverlust bisheriger Regeln die aktuelle Machtbalance gefährdet. Wo »Kulturwandel« hingegen in aller Munde geführt und konfliktlos als Heilmittel propagiert wird, handelt es sich um alles Mögliche – oft um eine bewährte mikropolitische Finte –, aber nicht um relevante Veränderungen. Diese gehen einher mit heftigen Auseinandersetzungen und Gegenbewegungen.

4.4 Schritt 4: Die Strategien kennen – und seine eigenen weiterentwickeln

Wie nach allen umfänglichen Analyseschritten folgt daraus eine Entscheidung für ein konkretes »Wie«. Strategien entstammen der militärischen Tradition, weil es in kriegerischen Auseinandersetzungen um Leben und Tod geht, es also nicht egal ist, wie es ausgeht. Auch die Scrum-Methodik wurde von einem ehemaligen Piloten des Vietnamkrieges mitentwickelt. Dort führten zu späte oder langfristige Einsatzpläne teilweise zum Bombardement der eigenen Truppen. Es war lebenswichtig, die Strategieentscheidungen schneller und präziser zu treffen.

Im Arbeitsfeld geht es natürlich in der Regel weniger tödlich zu, aber auch hier soll etwas erreicht werden. Von diesen intendierten Ergebnissen her muss gedacht und »zurückgerechnet« werden – wie ein Navigationsgerät, das immer wieder den klügsten Weg wählt.

Die erste und wichtigste »Strategie«, Wirkung zu erzielen, lautet: das Zielbild lebendig und präsent zu halten. Das Ziel kann sich unterwegs verändern, es bleibt aber das handlungsleitende Um-zu, ohne das jede Strategieüberlegung ihren Sinn verliert.

Tabelle 2: Die wichtigsten Einflussstrategien

Klassische Machtquellen	Status, Ressourcen, Wissen, Privilegien etc. anstreben, erschließen und nutzen
Netzwerke	Beziehungen aufbauen und pflegen in die unterschiedlichsten Felder und Bereiche hinein
Verbindung mit anderen	Bedenken und Bedürfnisse anderer identifizieren und einbeziehen, Koalitionen bilden, Unterstützung und Verlässlichkeit geben
Empowerment	Andere stark machen, miteinbeziehen, beteiligen, unterstützen, fördern; ihren Erfolg wollen
Verhandeln	»Do ut des«, Kompromisse, Entgegenkommen, Interessenaustausch, eine Hand wäscht die andere, »Tit for Tat« (und andere Strategien aus der Spieltheorie)
Organisationale Kräftefelder und Situationspotenziale	Themen oder Schlüsselpersonen, die an Einfluss gewinnen, erkennen; Zukunftsszenarien, neue, günstige Konstellationen früher antizipieren
Große Narrative der Organisation und übergeordnete Werte	Anknüpfen an und Ausrichten auf die großen Ziele, die Vision oder die Werte und Prinzipien der Organisation und ihre aktuelle Strategie
Beeindruckende Auftritte	Dramatische Inszenierungen, starke Worte, Szenen und Symbole einsetzen; aber auch: fähig sein, zu situationsadäquater Demut oder zum geschmeidigen Umgang mit Excel-Tabellen

Diese Einflussstrategien (siehe Tabelle 2) wirken kurz-, mittel- oder langfristig. Sie erfordern ganz unterschiedliche Kompetenzen, die gepflegt bzw. ausgebaut werden müssen.

Tiefer gehen: Risiken und Nebenwirkungen von Strategien

In der Regel haben Menschen für manche Strategien mehr Talent und Lust als für andere. Diese persönlichen Stärken zu erkennen, ist der erste Schritt auf dem Weg, sich mit den anderen zu beschäftigen. Nicht selten sind es bestimmte »Lieblingsfeinde« im Betriebsumfeld, die einen u. a. deswegen verärgern, weil ihre Vorgehensweisen genau komplementär zu der eigenen sind und sie etwas zeigen, was wir gar nicht können *wollen*. Das Verhalten der Gescholtenen ist meist eine Zerrform einer an sich ganz praktikablen Fähigkeit. Mit *dieser* (nicht der Zerrform) könnten wir uns beschäftigen und überprüfen, ob wir sie nicht ausbauen sollten.

Neben der langfristigen Perspektive sind alle kurzfristigeren Einzelinterventionen jeweils auf ihre *Ausrichtung* hin zu prüfen. Der zentrale Irrtum besteht in der Regel darin, dass man Information und Einflussnahme verwechselt und dass die Sachebene das ideelle Koordinatensystem für die Vorbereitung bildet, statt die Fragen von Macht und Wirksamkeit. Kommunikation will etwas erreichen, nicht einfach Daten verschieben. Übermittlung ist noch keine Überzeugung:

- Eine *Präsentation* ist also mitnichten eine Informationsweitergabe von Daten und Fakten, sondern in erster Linie eine Inszenierung, um jemanden zu beeindrucken, zu beeinflussen, zu überzeugen. Niemals wird etwas in eine Präsentation aufgenommen, nur weil es wahr ist. Sondern immer nur, wenn und weil es nützt. Die Tatsache, dass jemand dieser Präsentation überhaupt Aufmerksamkeit schenkt, ist bereits die erste und wichtigste Wirkung, die erzielt werden konnte.
- *Interviews* und Gespräche im Vorfeld dienen dem Kontakt, der Mobilisierung, dem Sicherheitsbedürfnis. Interessante Dinge erfährt man dabei auch, aber ihr Zweck ist nicht in erster Linie die Informationsgewinnung. Das ist auch eines der Missverständnisse bei anonymisierten Mitarbeiterbefragungen: der Glaube, dass man reine Daten erheben und auf sie etwas aufbauen könne – ohne so-

zialen Kontakt. Die im Anschluss daran angesetzten Workshops müssen diese soziale Einbettung mühsam nachholen; die erhobenen Daten müssen quasi »resozialisiert« werden. Man könnte diese Workshops aber auch ohne umfangreiche Vorabbefragungsprozesse einfach regelmäßig stattfinden lassen – etwa zum Thema Interessen, Stressoren und Zusammenarbeit – und käme vermutlich auf dieselben Ergebnisse, nur ohne Bewertungs- und Kränkungsroutinen.

- Die *Auftragsklärung* muss Einverständnis über die Ziele herstellen, konkret, verständlich und passend zur Problem- und Ressourcenlage. Analog zum fünfmaligen »Warum« der Ursachenforschung, kann das fünfmal wiederholte »Wozu« ein Ziel- und Ergebnisbild wunderbar präzisieren. Welche Maßnahmen oder gar Methoden sich eignen, um dorthin zu kommen, wird später konzipiert. Wo immer der auftraggebende Manager sich methodisch engagiert und einmischt, nützt es nichts, ihm die Methode nochmals zu erläutern (Sachebene), sondern es ist klug, sofort zurück auf die Zielebene zu wechseln, dort das Einverständnis wiederherzustellen bzw. zu präzisieren und von dort aus dann die Strategien (Methoden sind Strategien) zu entwerfen und zu bewerten.
- Das *Briefing* von Topmanagern für einen Auftritt (z. B. die Eröffnungsrede beim Kick-off) ist eine rare, oft die einzige Möglichkeit, sie wirklich zu Gesicht zu bekommen. Es ist die Chance, Resonanz zu erhalten, wie er oder sie zu bestimmten Themen oder einem bestimmten Vorhaben steht; es ermöglicht, eigene Botschaften zu setzen; das Okay für dies oder jenes zu bekommen (was mit dem Briefinganlass nichts zu tun haben muss) u. a. m.

Eine gewählte Strategie dann wirklich einzuschlagen, stellt immer ein Risiko dar. Etwas wird sich verändern und das soll es auch – ob in die gewünschte Richtung oder nicht, das klärt sich erst auf dem Weg. Sicherheit bieten erste überschaubare Schritte, die ein konkretes Ergebnis haben, das für den Fortgang gute Erkenntnisse, aber auch einen guten Auftakt bietet. Machtanalysen zu Beginn und unterwegs sind unumgänglich, also die Überprüfung, wie viele relevante Personen, Ressourcen, Verbindungen aktiviert werden können. Eines der bekanntesten Analyseinstrumente ist die Stakeholder Matrix (siehe Abbildung 9).

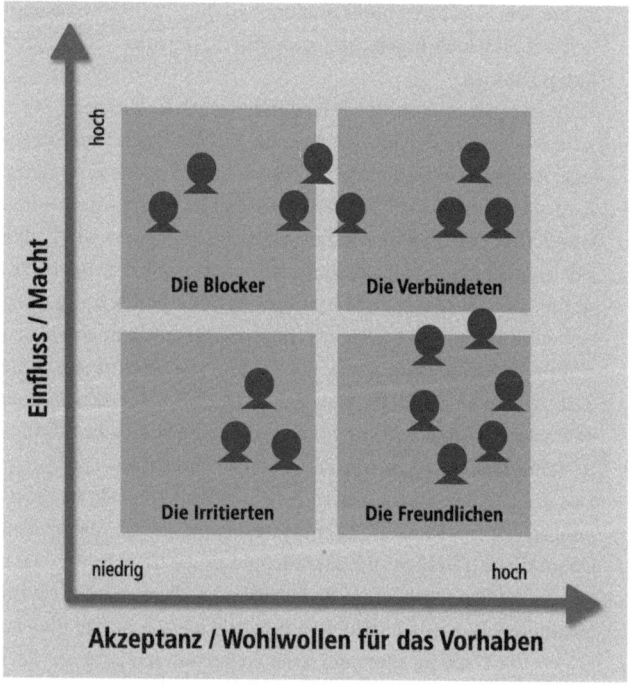

Abbildung 9: Die Stakeholder-Matrix

Die Strategien, die sich daraus für die einzelnen Gruppen ableiten, sind verschiedenartig:
- Die *wohlwollenden Mächtigen* müssen eingespannt werden; das ist gar nicht einfach. Sie denken, ihr »Ja« allein genügt, und sie wollen das Thema in guten Händen wissen, aber nicht mehr auf ihrer

eigenen Agenda stehen sehen. Dort muss es aber bleiben. Wichtig ist es, Situationen herzustellen, in denen das Dabeisein der wohlwollenden Mächtigen unvermeidlich ist.
- Die *machtvollen Blockierer* können nur einzeln in den Blick genommen werden, weil der jeweilige Interessensausgleich nur ganz individuell gefunden werden kann, nicht selten komplett abseits der sachlichen Angelegenheit.
- Die *nicht so mächtigen Gegner* sollten nicht zu viel Aufmerksamkeit bekommen.
- Die *nicht so mächtigen Unterstützer* werden gerne und oft im Übermaß (aus)genutzt; sie sollten aber schon etwas von ihrem Engagement haben, sonst folgt am Ende die Enttäuschung.

Wichtig ist, ob insgesamt die Machtbasis an den jeweiligen Punkten ausreicht, um voranzukommen. Oft verhindern falsch verstandenes Engagement, Harmoniebedürfnis, die Überschätzung der eigenen Möglichkeiten – nicht zuletzt Scham – eine rechtzeitige Eskalationsbegrenzung.

Kontakt im Konflikt wirkt und ist wirkungsvoller als Kontakt im Konsens

In einem Projekt, das mit der Rot-Gelb-Grün-Ampel den Fortgang bewertet, ist die Farbe Grün diejenige mit dem geringsten Einfluss. Sie besagt lediglich: Es läuft, keine weitere Aufmerksamkeit notwendig. Den stärksten Einfluss hat die rote Ampel. Natürlich entsteht durch sie erst einmal Stress, Suche nach Schuldigen etc. Aber dieses Risiko *nicht* einzugehen und so zu tun, als wäre alles »irgendwie hinzukriegen«, ist definitiv riskanter. Auch ein kluger Rückzug bewirkt – oft auch bereits nur als Ankündigung – mehr als ein weiteres »Dahinwurschteln«. Je früher dem Widerspruch und dem Widersprechenden *begegnet* wird, desto besser. Kontakt im Konflikt hat eine starke Wirkungskraft.

Ein Blick noch auf *gefährliche* Konstellationen: Es gibt Dynamiken, die fatal enden, sogenannte No-win-Situationen. Vielfach kann das vorab analysiert werden, allerdings nur, wenn jeder Einzelfall in seinen trickreichen Verbindungslinien und speziellen Machtbalancen gut sortiert und verstanden wird, und die Aporien darin entdeckt werden. Dabei ist nicht alles, was kompliziert aussieht, auch gefährlich; aber vieles ist gefährlich, obwohl und weil es alle nur gut meinen. Viele Sprichwörter beschreiben in Bildern diese spezifischen Gefahren: »Never catch a falling knife!«, »Pass auf, dass du nicht zwischen Hund und Laternenpfahl gerätst!«, »Lass dich nicht von dem in den Krieg schicken!«; »Steig ab, wenn du entdeckst, dass du ein totes Pferd reitest!«.

Zu vermeiden ist z. B. auch:
- sich verantwortlich zu *fühlen,* es aber nicht sein;
- zu vergessen, wann für die geliehene Macht die Leihfrist endet;
- jemanden in Loyalitätskonflikte zu bringen oder in solche zu geraten;
- zu meinen, mit Fleiß, Charakter und Kompetenz lasse sich alles schaffen;
- nur nützlich, aber nicht wichtig zu sein.

Es kann auch ein strategischer Fehler sein, einen Pilotprozess im Allerheiligsten einer Organisation anzusetzen – also in einem Technikkonzern in der Technischen Entwicklung, in einem Krankenhaus in der Chirurgie, in einem Handelsunternehmen im Vertrieb etc. Denn dort ist die sogenannte Management-Attention samt Nervosität und Druck zur Kür so groß, dass oft kaum Luft zum Atmen, also zum Ausprobieren bleibt. Was ja der Sinn von Pilotmaßnahmen ist.

Gut bestimmen zu können, wie groß die eigenen Chancen und Gefahren für ein Vorhaben sind und wie hoch der Einsatz dafür ist, ist ein Grundstein jeder strategischen Überlegung. Es gilt aber auch: Wo sowohl Gewinn wie Risiko niedrig sind, sollte – und wird – sich auch der eigene Einsatz und der anderer in Grenzen halten. Um die eigene Wirksamkeit zu erhöhen, muss man nicht zuletzt das Risiko für sich und andere erhöhen.

5 Macht!

> »Alles könnte anders sein,
> und fast nichts lässt sich ändern.«
> *(Niklas Luhmann, 1971, S. 44)*

Ohnmachtserfahrungen sind tagtäglich frustrierende Begleiterscheinungen der Arbeit in unseren Betrieben und Institutionen. Zu oft zeitigen unsere Anstrengungen keine Wirkung – oder die falsche. Weil und obwohl so viel in Bewegung ist, erleben wir unser Vermögen, etwas zu bewirken, begrenzter als je zuvor. Wirkungslosigkeit zu erfahren, geht einher mit Zweifel an der eigenen Wertigkeit. Diese fehlende Wertschätzung von anderen einfordern zu wollen, taugt nicht. Es ist ungleich hilfreicher, die eigene Wirkungsmacht auszubauen, als – wie in McClellands unterstem Machtlevel – die Kräftigung durch andere zu erhoffen.

Gleichzeitig tönt heute laut wie nie das größenwahnsinnige Versprechen unserer Zeit: »Alles ist möglich, wenn du nur willst« – und den richtigen Coach hast, dich richtig ernährst, dich noch mehr reinhängst … Nein, es ist nicht alles möglich! Machtpolitische Kompetenz heißt auch, Chancen realistisch einschätzen und relativieren zu können, sich in No-win-Situationen nicht zu verausgaben. Aber es heißt auch:
- sich auszurichten auf ein Um-zu, ein organisationales wie ein individuelles;
- sorgfältig zu beobachten und sich selbst, andere Personen wie Kontexte lesen zu können;
- sich klug mit Menschen, Bewegungen und Zielen zu verbinden.

Das erhöht die eigene Wirkmacht erheblich. Sich ausrichten, statt sich einzurichten, heißt, Spannung selbst aufbauen zu *wollen* durch ein intendiertes Um-zu und dann kreativ zu lösen. Dazu bedarf es der Lust und der Kunst, Einfluss zu nehmen. Dazu braucht es Machtinteresse, Machtquellen und klugen Machtgebrauch. Dabei greift die Frage: »Wie *bekomme* ich Macht?« zu kurz; präziser heißt sie: »Wie *erziele* ich Wirkung und wen und was benötige ich dafür?« Insbesondere: »*Was* will ich bewirken?« Als Beobachtungskategorie geeignet ist die Frage: »Wo entstehen welche Wirkungen? Und wodurch?« Sie ist ergiebiger als die Frage: »Wer *hat* Macht?«

Zwischen Ohnmacht und Größenwahn gibt es den Korridor der Verantwortung. Diesen gilt es offen zu halten und zu erweitern; hier müssen wir etwas *wollen* und *können* etwas bewirken, für uns, für andere, für unser Unternehmen, in unserer Gesellschaft. Dazu sollten wir all unsere Klugheit und Kompetenz, unsere Erfahrung und unser Talent, unsere Lust und unsere List einsetzen. In diesem Korridor unserer Verantwortung sollten wir uns nicht damit zufriedengeben, nur mitzuspielen. Wir dürfen danach streben, zu gewinnen. Wir dürfen Lust auf Macht haben.

Literatur

Ameln, F. von, Heintel, P. (2016). Macht in Organisationen. Denkwerkzeuge für Führung, Beratung und Change Management. Stuttgart: Pöschel.
Baecker, D. (2018). 4.0 oder Die Lücke, die der Rechner lässt. Berlin: Merve.
Bauer, C. (2017). Jeder für sich oder gemeinsam fürs Ganze? Kooperation als Grundprinzip agiler Organisationen. München: BoD.
Becke, G. (2013). Stolpersteine als Lernpotenzial für achtsamen Wandel. Supervision, 3, 4–11.
Beisser, A. R. (2002). Gestalttherapie oder das Paradox der Veränderung. In A. R. Beisser, Wozu brauche ich Flügel. Ein Gestalttherapeut betrachtet sein Leben als Gelähmter (S. 144–147). Wuppertal: Peter Hammer Verlag. http://www.gestalt.de/beisser_paradox.html (05.03.2019)
Brunnsson, N. (1989). The Organization of Hypocrisy: Talk, Decisions, and Actions in Organizations. Chichester: Wiley.
Buer, F. (2012). Die Kultur der Macht – die Macht der Kultur. In B. Knoblach, T. Oltmanns, I. Hajnal., D. Fink (Hrsg.), Macht in Unternehmen. Der vergessene Faktor (S. 147–163). Wiesbaden: Gabler.
Buer, F. (2016). Lob der Macht. Ansichten eines pragmatischen Psychodramatikers. In F. von Ameln, P. Heintel, Macht in Organisationen. Denkwerkzeuge für Führung, Beratung und Change Management (S. 58–62). Stuttgart: Pöschel.
Brinkmann, U. (2018). Agil in den Abgrund? Familiendynamik. Systemische Praxis und Forschung, 3, 232–240.
Busse, S. (2016). Macht und Ohnmacht als Camouflage. In F. von Ameln, P. Heintel, Macht in Organisationen. Denkwerkzeuge für Führung, Beratung und Change Management (S. 65–68). Stuttgart: Schaeffer-Poeschel.
Busse, S., Tietel, E. (2018). Mit dem Dritten sieht man besser. Triaden und Triangulierung in der Beratung. Göttingen: Vandenhoeck & Ruprecht.
Foucault, M. (1978). Dispositive der Macht/Über Sexualität, Wissen und Wahrheit. Berlin: Merve.
Frankfurt, H. G. (2007). Sich selbst ernst nehmen. Frankfurt a. M.: Suhrkamp.

Göhlich, M., König, E., Schwarzer C. (Hrsg.) (2007). Beratung, Macht und organisationales Lernen. Wiesbaden: VS.

Gotthardt-Lorenz, A. (2009). Organisationssupervision – Raum für wachsende Anforderungen. In H. Pühl (Hrsg.), Handbuch Supervision und Organisationsentwicklung (3. Aufl., S. 147–160). Wiesbaden: VS.

Gracián, B. (1647/2005) Handorakel und Kunst der Weltklugheit. Übers. von A. Schopenhauer, 1832. München: Beck.

Greene, R. (2003). Power. Die 48 Gesetze der Macht (3. Auflage). München: dtv.

Grubendorfer, C. (2016). Einführung in systemische Konzepte der Unternehmenskultur. Heidelberg: Carl Auer.

Han, B.-C. (2005). Was ist Macht? Stuttgart: Reclam.

Haubl, R. (2005). Mikropolitik für gruppenanalytische Supervisoren und Organisationsberater. In R. Haubl, R. Hetzel, M. Barthel-Rösing (Hrsg.), Gruppenanalytische Supervision und Organisationsberatung (S. 53–78). Gießen: Psychosozial-Verlag.

Haubl, R., Daser, B. (Hrsg.) (2007). Macht und Psyche in Organisationen. Göttingen: Vandenhoeck & Ruprecht.

Haubl, R., Hausinger, B., Voß, G. G. (Hrsg.) (2013). Riskante Arbeitswelten. Zu den Auswirkungen moderner Beschäftigungsverhältnisse auf die psychische Gesundheit und die Arbeitsqualität. Frankfurt a. M. u. New York: Campus.

Heckhausen, H., Heckhausen, J. (Hrsg.) (2010). Motivation und Handeln (4. Aufl.). Berlin u. Heidelberg: Springer.

Hege, M. (2017). Es geht um Inhalte. Über Professions- und Theorieentwicklung in der Supervision. Interview mit Theresia Volk und Heiko Schulz. Journal Supervision, 4, 18–21.

Jullien, F. (1999). Über die Wirksamkeit. Berlin: Merve

Jullien, F. (2002). Der Umweg über China. Ein Ortswechsel des Denkens. Berlin: Merve.

Jullien, F. (2006). Vortrag vor Managern über Wirksamkeit und Effizienz in China und im Westen. Berlin: Merve.

Jullien, F. (2008/2009). Interview mit Theresia Volk und Heiko Schulz in Paris im Dezember 2008. Sonderbeilage fgi news, 7, März 2009.

Knoblach, B., Oltmanns, T, Hajnal., I., Fink, D. (Hrsg.) (2012). Macht in Unternehmen. Der vergessene Faktor. Wiesbaden: Gabler.

Küpper, W., Felsch, A. (2000). Organisation, Macht und Ökonomie. Mikropolitik und die Konstitution organisationaler Handlungssysteme. Wiesbaden: Westdeutscher Verlag.

Küpper, W., Ortmann, G. (Hrsg.) (1992). Mikropolitik. Rationalität, Macht und Spiele in Organisationen. Opladen: Westdeutscher Verlag.

Laloux, F. (2015). Reinventing Organizations. Ein Leitfaden zur Gestaltung sinnstiftender Formen der Zusammenarbeit. München: Vahlen.

Lewin, K. (1951/2012). Feldtheorie in den Sozialwissenschaften. Ausgewählte theoretische Schriften. Bern: Huber.

Lobe, A. (2018). Die Gesellschaft der Metadaten. Süddeutsche Zeitung vom 27.7.2018, S. 10.

Lobo, S. (2018). Was Facebook wirklich ist. Spiegel-Online 11.4.2018. www.spiegel.de/netzwelt/web/sascha-lobo-kolumne-was-facebook-wirklich-ist-a-1202360.html (12.8.2018).

Luhmann, N. (1971). Politische Planung. Aufsätze zur Soziologie von Politik und Verwaltung. Opladen: Westdeutscher Verlag.

Luhmann, N. (1975/2012). Macht. Konstanz: UVK.

Machiavelli, N. (1513/1961). Der Fürst. Stuttgart: Reclam.

McClelland, D. C. (1978). Macht als Motiv. Entwicklungswandel und Ausdrucksformen. Stuttgart: Klett Cotta.

McClelland, D. C. (1988). Human Motivation. Cambridge: University Press.

Mintzberg, H. (2012). Power and Organisation Life Cycles. In B. Knoblach, T. Oltmanns, I. Hajnal., D. Fink (Hrsg.), Macht in Unternehmen. Der vergessene Faktor (S. 73–98). Wiesbaden: Gabler.

Mintzberg, H., Lampel, B., Ahlstrand, J. (2007). Strategy Safari. Eine Reise durch die Wildnis des strategischen Managements. Heidelberg: Redline Wirtschaft.

Muhr, T. (2007). Beratung und Macht. Organisationsberatung aus mikropolitischer Perspektive. In M. Göhlich, E. König, C. Schwarzer (Hrsg.), Beratung, Macht und organisationales Lernen (S. 49–68). Wiesbaden: VS Verlag für Sozialwissenschaften.

Nassehi, A. (2017). Der gute Fremde. Ein Gespräch über Fremdheitsmanagement, Identitätspolitik und die Rolle des Beraters. Interview von Theresia Volk und Heiko Schulz. Journal Supervision, 2, 14–17.

Neuberger, O. (2002). Führen und führen lassen. Ansätze, Ergebnisse und Kritik der Führungsforschung (6., völlig neu bearb. und erw. Aufl.). Stuttgart: Lucius und Lucius.

Neuberger, O. (2004). Vor allem ihr Geradlinigen – habt acht auf die Kurven! Augsburger Beiträge zu Organisationspsychologie und Personalwesen, 20.

Ortmann, G. (2016). Macht und rekursive Schleifen. In F. von Ameln, P. Heintel, Macht in Organisationen. Denkwerkzeuge für Führung, Beratung und Change Management (S. 30–33). Stuttgart: Pöschel.

Rastetter, D. (2007). Mikropolitisches Handeln von Frauen. In R. Haubl, B. Daser (Hrsg.), Macht und Psyche in Organisationen (S. 76–99). Göttingen: Vandenhoeck & Ruprecht.

Rastetter, D., Jüngling, C. (2018). Frauen, Männer, Mikropolitik. Geschlecht und Macht in Organisationen. Göttingen: Vandenhoeck & Ruprecht.

Russell, B. (1938/1947). Macht. Zürich: Europa-Verlag.

Schmalt, H.-D., Heckhausen, H. (2010). Machtmotivation. In H. Heckhausen, J. Heckhausen (Hrsg.), Motivation und Handeln (4. Aufl., S. 211–236). Berlin u. Heidelberg: Springer.

Schopenhauer, A. (1839/1978). Preisschrift über die Freiheit des Willens. Hamburg: Felix Meiner.

Schülein, J. A. (2007). Soziologische und psychoanalytische Theorien der Macht. In R. Haubl, B. Daser (Hrsg.), Macht und Psyche in Organisationen (S. 13–58). Göttingen: Vandenhoeck & Ruprecht.

Sedlacek, T. (2018). »Je mehr wir zweifeln, desto besser«. Interview in der Augsburger Zeitung Nr. 183 vom 10.08.2018, S. 6.

Thaler, R., Sunstein, C. R. (2010). Nudge. Wie man kluge Entscheidungen anstößt (9. Aufl.). Berlin: Ullstein.

Volk, T. (2011). Unternehmen Wahnsinn. Überleben in einer verrückten Arbeitswelt. München: Kösel.

Weber, M. (1921/1922: posthum/2012). Wirtschaft und Gesellschaft. Altenmünster: Jazzybee.